U0908019

新时代背景下我国体育产业市场体系的建设与发展研究

魏秀芳 著

中国商业出版社

图书在版编目(CIP)数据

新时代背景下我国体育产业市场体系的建设与发展研究 / 魏秀芳著. --北京：中国商业出版社，2021.12
ISBN 978-7-5208-1890-2

Ⅰ. ①新… Ⅱ. ①魏… Ⅲ. ①体育产业－市场体系建设－研究－中国 Ⅳ. ①G812

中国版本图书馆 CIP 数据核字(2021)第 228388 号

责任编辑：吴　倩

中国商业出版社出版发行
010－63180647　www.c-cbook.com
(100053　北京广安门内报国寺 1 号)
新华书店经销
三河市德贤弘印务有限公司印刷

*　*　*　*　*

710 毫米×1000 毫米　16 开　11 印张　197 千字
2022 年 4 月第 1 版　2022 年 4 月第 1 次印刷
定价：86.00 元

*　*　*　*

前　言

随着中国经济的繁荣和体育运动的普及，体育产业正在融入普通民众的日常生活中，体育休闲已经成为国民提高生活质量的重要方式。我国体育产业整体上已进入快速启动的发展阶段，体育产业在带动区域经济增长、培育和发展现代服务业、完善中心城市功能、化解就业压力、提高人民群众生活质量等方面已开始发挥越来越重要的作用。体育产业正在成为我国国民经济的新增长点，并表现出广阔的发展前景和巨大的增长潜力。

为使体育产业得到更好发展，对体育产业加强理论研究十分必要。通过对体育产业进行理论研究，能够对体育产业现状进行全面了解及掌握，从而为体育产业市场建设与发展提供出合理的建议与对策，进而使体育产业市场体系得到进一步发展，通过体育产业发展带动我国经济发展，从而形成良性循环。

我国体育产业要加快结构转型升级，实现创新驱动发展，就需要秉持“创新、协调、绿色、开放、共享”的五大发展理念，借鉴发达国家体育产业发展的先进经验，充分发挥体育产业自身固有的潜力和优势，重点发展体现体育产业自身经济功能和社会价值的主体产业，努力培育和壮大体育市场，使之成为体育产业发展的助推器。

本书主要对新时代背景下我国体育产业市场体系的建设与发展进行剖析和研究。全书分为七章，前三章主要分析了新时代背景下体育产业的基本理论：第一章体育产业概念与相关知识概述；第二章体育产业理论体系；第三章体育产业经营管理理论；第四章至第五章详细论述了体育产业核心层、体育产业外围层、竞技体育与休闲体育产业市场的建设与管理；第六章主要解析了竞技体育和休闲体育产业市场建设与管理；第七章体育产业市场的发展与创新研究，重点阐述了体育产业市场发展的现状与前景、体育产业市场的创新与发展研究、我国区域优势体育产业市场的发展与实证。

本书系统地分析、讨论了体育产业的基础理论知识与相关产业的发展、运营与管理，并重点阐述了体育产业市场的创新与发展思路。在保证发展、管理与经营基本理论知识连贯性的基础上，注重实践知识及相关的交叉学科知识与技能操作方法的介绍，力求浓缩精练，突出针对性、实用性。

本书在写作过程中，参阅引用了大量的文献资料，并得到许多专家、学者的指导和同行的大力支持与热情帮助，在此表示深深的谢意！体育产业市场体系的建设与发展涉及内容极为广泛，且发展更新较快，由于作者的水平和客观条件的限制，书中错误和不当之处在所难免，恳请广大读者能够提出宝贵意见。

作　者

2021 年 5 月

目　录

第一章　体育产业概念与相关知识概述

要想促进体育产业的健康发展，就必须理论与实践相结合，首先要建立一定的理论基础，以理论指导实践。相关体育产业从业者一定要深入细致地学习和研究相关的理论，从而为体育产业市场的经营奠定良好的基础。

第一节　体育产业的概念

体育产业兴起于20世纪40年代西方经济发达的国家，近些年呈现快速化、国际化的发展趋势，并已成为一些国家的支柱产业。

一、体育产业的含义

产业在《现代汉语词典》中的解释有两个：一是工地、房屋、工厂等资产；二是指用于定语时的“关于工业生产的”。“产业”是生产或服务特性相似或相关的一类单位、部门或机构的统称。目前，对产业结构进行划分主要采用“三次产业分类法”。

第一产业是指产品直接从自然界获得的部门，如种植业、渔业、林业等。

第二产业是指对初级产品进行二次加工的部门，如制造业、电力、煤气、水的生产和供应业。

第三产业是指为生产和消费提供各种服务的部门，主要分为：(1)流通部门，如交通运输业、邮电通信业等；(2)生产和生活服务部门，如金融业、保险业等；(3)服务部门，如教育、卫生、体育等；(4)社会公共需要服务的部门，如国家机关、军队等。

关于体育产业的概念，目前各国的学者们并没有达成统一的共识。按照“三次产业分类法”来定义体育产业，可分为体育服务业、体育竞赛表演业、体育旅游业等，与体育有关的生产领域则不能归属其中，这便是一种狭义的体育产业。国际组织对体育产业的定义，其依据不是这个分类方法。联合国统计委员会将体育产业定义为“组织和举办各种室内外专业和业余体育活动，对该活动提供服务的总体集合，包括体育周边产生的相应部分”；加拿大官方统计局则定义为“所有相关于体育和体育娱乐活动、相关的服务活动以及体育产品的制造、销售活动”；澳大利亚国家统计局定义为“体育和体育娱乐活动及其与此相关的活动的集合”。按照这些体育产业的概念，凡是在体育带动下而产生或增加的国民经济领域，都能划分到体育产业的内容里。①

二、体育产业的研究领域

体育产业是介于宏观与微观之间的准中观研究。范围大的“产业”是介于宏观与中观之间的国民经济产业部门，如第一产业、第二产业和第三产业等；范围小的“产业”是介于中观与微观之间的具体产业部门。

体育产业的研究领域包括如下方面。

(1)体育产业结构，指体育产业部门间的联系与联系方式。

(2)体育产业组织，指体育产业内体育产品生产企业间的市场关系和组织形态，主要涉及体育产业内体育产品生产企业间的市场关系。它是指同类企业间的垄断、竞争结构以及同类企业相互联结的组织形态。

(3)体育产业政策，指由政府制定的、干预体育产业的政策总和。

体育产业政策的特点有：第一，政府从供给方面着眼的综观长期调节的政策。第二，体育产业政策是政府针对体育市场存在的不足提出一系列补充方案，主要是借助市场机制这一工具来指导体育企业的行为。体育政策的制定离不开经营者团体、体育企业和专家学者等群体的意见，因此，为了制定出更加合理的政策，应逐步建立制度化的咨询程序。另外，政府所制定的体育产业政策是指导性政策，体育企业享有充分的决策自主权。第三，政府是依据对体育产业结构演变规律的深刻认识而制定的，是着眼于未来的结构平衡，具有一定的超前性。

---

① 马道强．京津冀协同发展背景下高校体育资源与体育产业融合的联动发展[M]．上海：同济大学出版社，2018.

第二节　体育产业的内容及分类

一、体育产业的内容

体育产业中包含体育生产制造业、体育用品销售业、体育健身服务业等，这些内容共同构成了体育产业这一主体。总体上来看，我们可以将体育产业分为以下四个部分，每一部分都对体育产业系统的发展产生着重要的影响。

(1)体育本体产业。指根据自身特性而生产各种体育产品或提供体育服务的部门，包含体育培训业、竞赛表演业等。

(2)体育相关产业。指以体育为资源和手段进行生产、服务的部门，体育用品业就属于这一部门的重要内容。

(3)体育延伸产业。指体育产业周边建立起来的综合性的行业网络，这一网络涵盖多方面的内容，其包含体育经纪、体育彩票、体育旅游等。

(4)体育边缘产业。指为体育本体产业提供服务的部门。这一部门虽然属于边缘产业，但也是不可或缺的。这一部门的存在能在一定程度上为体育产业创造经济效益和社会效益。

例如，为了更好地享受竞技体育比赛或表演，为人们提供餐饮、住宿、纪念品、明星卡等服务。虽然这些业务内容不与运动直接相关，但它们也属于本体的体育产业环境。

二、体育产业的分类

(一)国内对体育产业的分类

国家统计局将体育产业划分为 11 个大类、37 个中类、52 个小类。与原有的体育产业分类相比，这一分类方法呈现出以下五大特点。

(1)范围更加广泛，内容更为全面，与我国体育产业发展的现状是相符合的。

(2)文字描述更为恰当，架构体系更加规范，描述上具有弹性，能为将来的新变化留有一定的空间。

(3)门类设计更为合理,涵盖较多的创新内容,将“互联网+体育服务”概念融入其中,更加符合现代社会发展的潮流。

(4)强调了体育产业与其他产业的融合,充分肯定了体育产业对国民经济发展的贡献。

(二)国外对体育产业的分类

国外学术界主要对体育产业进行了如下分类。

(1)皮兹模式。把体育产业分为体育表演、体育生产和体育推广等三大类。

(2)米克模式。把体育产业分为体育娱乐、体育产品、体育支持性组织等三大类。

(3)苏珊模式。把体育产业分为体育生产和体育支持两大类,体育生产主要是指体育用品制造业等,体育支持包含各种体育机构、体育协会、体育管理公司等内容。

依据上面的这一分类标准,我们可以将体育产业分为三个集合群(见表1-1)。

表1-1　体育产业内容的分类

产业划分	产业内容
上游产业	健身娱乐业、竞赛表演业等
中游产业	体育设备、体育场馆、体育器材、体育装备等
下游产业	体育旅游、体育纪念品、体育建筑等

依据这一标准对体育产业的内容进行划分,简单、直接、明了,有助于我们更加深刻地了解体育产业的内涵,进而推动体育产业的健康发展。

第三节　体育产业的属性及特征

一、体育产业的属性

在分析体育产业的属性之前,我们首先就要搞清楚什么是体育产业的价值内核,因为这决定了体育产业如何更好的发展。在了解了这一点后,我们可以将体育产业的属性归属于第三产业，具体来说就是第三产业中的现代娱乐业。

在体育产业体系中，一些实物产品如体育器材、体育设备等是否属于体育产业，要从多方面去分析。首先，这些实物性产品都是围绕着各种各样的体育活动开展的，在一定程度上反映了体育产业的本质；其次，判定这些实物性产品是否属于体育产业的关键还在于使用此种产品的意图和此种产品的最终市场。

体育产业的基本属性主要包括两方面，一方面坚持质的规定性，也就是要明确体育产业的基本属性——娱乐业；另一方面坚持体育产业上下游间的天然联系，要以全面的眼光去看问题，综合分析。这样才可以更好地遵循体育产业的本质属性，进而从根本上推动体育产业的发展。

二、体育产业的特征

体育产业主要有如下几点特征。

（一）体育性

与其他产业相比，体育产业最大的不同体现在它所提供的产品上，这种产品凝结了“体育”的多种要素，这些要素体现了体育产业最显著的“同类”或“相同”特性。体育比赛与电影电视剧虽然都能满足人们精神文化方面的需求，但二者的载体是不同的，就像普通鞋子与运动鞋虽然都能满足人们保暖、美观的需求，但普通鞋子无法满足人们从事激烈运动的需求，而运动鞋则可以。总归一句话，体育产业所提供的产品，都是与体育密切相关的。

（二）服务性

体育产业的一个主要特征是服务性。健身娱乐业、竞赛表演业、咨询培训业、体育经纪业、体育旅游业等，是以提供体育服务为经营业务的行业，它们并不向消费者提供实物形式的产品，而是向其提供服务性质的产品，从而满足消费者的精神、文化、视觉、锻炼等方面的需求。

（三）经济性

体育产业按照产业模式运作，并向社会提供产品，其与体育事业既有区别又有联系，无论是从内涵还是外延上都有交叉。按照市场经济学理论，确定一个行业是否是产业，首先要看是否有投入产出，其次是其产品能否进入市场进行交换。因此，体育产业所进行的是市场环境下的体育服务、体育产品的生产和经营活动。

第四节 体育市场与产品供给效果分析

一、体育市场概述

目前，我国体育市场处于不断发展的阶段，体育界对于体育市场的认识和研究也在不断深入，但对体育市场的概念、内涵及构成等尚有不同的理解，也存在一些模糊的认识。下面简要阐述体育市场的理论基础。

（一）体育市场的概念

广义的概念，指的是全社会体育产品交换活动的总称；狭义的概念，指的是直接买卖体育服务产品，参与或观赏体育活动的场所。

体育市场包括体育消费者、体育消费欲望、体育消费水平三要素，这三个方面之间有着极为紧密的联系，推动着体育产业的健康发展。

体育消费者：体育消费者就是指购买体育消费品的人，可以分为三种类型，即观赏型、实物型和参与型。

体育消费欲望：指人们具有的一种消费欲望和消费需求。可以说，体育消费欲望在一定程度上反映了体育社会化程度。

体育消费水平：能在一定程度上反映体育运动水平的高低，在某种条件下也反映出一个国家或地区的经济发展水平。

（二）体育市场的类型

1. 以供应商、产品差别程度等进行划分

（1）完全竞争的体育市场。在这一市场条件下，体育产品的差异并不是很大，体育经营单位进入的门槛也不高，如社会上常见的体育培训、体育健身娱乐等。

（2）完全垄断的体育市场。体育市场上只有一个体育经营单位参与经营活动，如体育彩票市场。

(3)垄断竞争的体育市场。在同一体育市场，体育产品存在差别，垄断是对体育商品的售卖上，其他方面基本不存在垄断竞争。如一些小型乒乓球馆、羽毛球馆等都属于此类。

(4)寡头垄断的体育市场。少数体育经营单位对某一个体育市场进行了垄断，且生产和经营相同的体育商品，这一市场类型的竞争性只存在于这几家体育单位之间。如足球市场、篮球市场等。

2. 以体育消费品/体育生产要素的不同功能进行划分

(1)体育劳务或服务消费品市场。以劳动形式存在的体育劳务商品市场，如运动竞赛、体育培训等。

(2)体育实物消费品市场。以实物形态存在的体育商品市场，如运动器材、运动设备等。

(3)体育要素市场。体育发展的必需要素组成的体育市场，如体育资金、体育人才及体育科学技术等。

(三)体育市场的特点

1. 体育劳务或服务消费品市场的特点

(1)时间和空间的一致性。在体育市场交往中，各种体育劳务或服务产品在时间和空间上保持一致，买卖双方在此条件下展开一切活动。

(2)市场发育的不均衡性。受各种因素的影响，体育产业市场发育的程度会有所差别，一般情况下，经济发达地区的体育产业市场更为成熟。

(3)市场需求在时间和季节上的差异性。体育消费者常在余暇时间参与体育赛事欣赏和参加体育运动消费，因此，这就决定了市场需求在时间和季节上的差异性特点。

2. 体育实物消费品市场的特点

(1)体育消费者人数非常之多，体育市场需求非常巨大。

(2)体育消费者的需求存在各种各样的差别。因此，体育生产企业要以市场需求为依据设计与开发体育产品。

(3)市场需求的周期性。如游泳、滑雪等季节性的运动项目呈现出明显的周期性特点，体育产业经营者提供市场供应时要牢牢把握这一特点。

(4)消费者中包括个人和集团。不同专业程度的体育消费者对运动器材的需求有所不同,因此要合理地细分体育市场以迎合大众的体育消费需求,从而获得理想的经营效益。

3. 体育要素市场的特点

(1)体育人才市场的特点。

第一,体育人才的流动非常频繁且形式多样。在体育人才市场中,体育人才的流动是最为常见的,在科学的人才流动制度的保障下,体育人才才能获得更好的发展。

第二,竞技体育人才市场的特点。竞技体育人才市场规模日益庞大;职业运动员转会市场具有高度规范性;随着体育人才市场国际化发展,各国或地区之间运动员的交流日益频繁和密切。

(2)体育技术市场的特点。体育技术市场即体育技术商品的交换市场。一般来说,可以将体育技术市场的特点大致归纳为:第一,其归属于卖方垄断市场;第二,成交的体育技术产品大都是一次性的。

(3)体育资金市场的特点。体育资金市场的特点集中体现在以下三个方面。

第一,体育资金市场表现出自觉自愿的单向流动特点。

第二,社会经济发展对体育资金市场的流动有影响。

第三,运动项目及地域对体育市场资金的流动有影响。

(四)体育市场体系

随着现代社会的不断发展,我国逐渐建立和形成了一个较为完善的体育市场体系,可以说,体育市场体系是整个社会主义市场经济体系下的一个子系统,其负责的工作主要包括以下三个方面,即体育劳务或服务消费品市场、体育实物消费品市场以及体育要素市场,这三方面的因素缺一不可。

体育市场体系能在很大程度上促进供给与需求之间的良好沟通,而且还能在一定程度上改善体育产业市场发展的秩序,从而对体育资源优化配置的实现创造有利的条件,发挥出最大的资源效益。

二、影响体育产品供给的因素

(1)体育产品本身的价格:一般来说,一种商品的价格越高,生产者提供的产量就越大。相反,商品的价格越低,生产者提供的产量就越小。

(2)体育产品市场需求情况。体育产品的供给以体育产品的需求为基础，其供给效果的好坏以是否满足人们的体育需求为重要标准。

(3)生产技术的变动：生产技术的变动也在一定程度上影响体育产品的生产成本。在一般情况下，生产技术随着经济活动的发展不断提高。一次生产技术的变化一般是单方向的，当生产技术提高时，在同一价格水平上会使体育产品的供给量增加。

(4)生产要素的变动：生产要素的价格变化，导致某一体育产品的生产成本发生变化。生产要素价格上涨表明生产成本增加，在同一价格水平上，供应量减少；反之，生产要素价格下降，使生产成本减少，在同一价格水平上，供给量增加。

(5)政府的税收和扶持政策：也会影响到体育产品生产成本的变化。政府如果增加税收，体育产品生产者的负担则加重，供给便会减少，反之则会增加。

三、体育产品供给的效果

(一)体育主导产业中体育产品的供给

1. 体育健身娱乐业中体育产品的供给

从近几年我国体育健身娱乐业的发展过程可以明显看到，体育健身娱乐业经营趋于多样化，按照经营者投入资金的不同，可将其划分为高、中、低档三个层次。健身娱乐消费价格在市场价格机制杠杆的调节下，高低有致。

2. 体育竞赛表演业中体育产品的供给

体育竞赛表演包括两类体育产品；一是满足人们观赏需求的运动技术和赛事；二是为商家和企业提供可经营开发的体育无形资产。

(1)体育竞赛表演类产品的供给。大型的体育赛事，如奥运会、世界杯足球赛以及各种职业联赛的举办已形成了惯例，较高竞技技术水平的商业赛和表演赛数量上也在逐渐增加，运动竞技和竞技表演类的体育产品可谓丰富多彩。

(2)体育赛事中体育无形资产类产品的供给。现阶段国内对体育无形资产开发和利用的时间较短，体育产业尚不够完善，有很多领域尚未发掘，短期行为现象比较严重。尽管有各类运动会和体育博览会举行，但水平较低的开发和经营还不能充分、宽泛及长效地挖掘出其中的体育无形资产。

（二）非体育主导产业中体育产品的供给

1. 体育物质产品的供给

市场上的体育用品种类繁多，消费者选择的余地增大。国产体育用品在标准、科技含量、质量成本以及规模效益和管理经验理念上与国外同行相比仍有较大的差距，加之我国体育用品起步较晚，经营规模分散，企业间技术和信息封闭，国内知名品牌与国外品牌相比差距很大。国际知名品牌几乎占领了我国运动鞋业的整个高端市场。

2. 体育旅游产品的供给

当前，体育旅游已经成为一个很热的话题，根据体育旅游的特点和实践，已发展出多种类的特色产品。由职业体育竞赛表演市场派生的观光型体育旅游市场日渐火爆。1992 年巴塞罗那奥运会游客达 30 万人，旅游及餐饮收入达 30 亿美元。据电视新闻报道，2002 年韩日世界杯期间，日本旅游业收入为 470 亿日元。

体育赛事和旅游、体育活动和旅游、体育康复和旅游、极限体育运动和旅游，统一起来组成了体育旅游的丰富内涵。体育和旅游你中有我，我中有你，完美的组合为人们提供了独树一帜的休闲选择。因而，体育旅游产业的发展潜力巨大。

第五节　体育消费及消费者行为理论

人们对体育的需求日益增长，产生了各种各样的购买行为。体育的需求引起购买动机，购买动机进而导致购买行为。本章在消费者行为基本理论的基础上总结了影响体育消费需求的内外在因素和主客观原因。主观因素包括运动员本身对运动的兴趣，人们本身对健康的追求、社会交往的需求和促进团队和谐的需求等。客观因素包括居民经济收入因素、家庭环境因素、工作的性质和周围人群的影响。

一、体育消费的含义及体育消费者分类

(一)体育消费的含义

体育消费指直接从事体育活动的个人消费行为。

体育消费是人们在满足了生存消费之后才出现的一种行为，是随着人们生产生活的发展而出现和发展的，它在一定程度上体现了社会文明的发展和进步。

(二)体育消费者分类

体育消费者主要有以下几类。

(1)欣赏型体育消费者：指为达到观看、欣赏目的，满足自己心理需求的消费者类型。

(2)实物型体育消费者：具有购买与体育活动有关的体育实物消费资料的体育消费者。

(3)参与型体育消费者：具有购买各种与体育有关的体育劳务或服务消费品的消费者类型。这一类消费群体非常重要，是体育产业市场的重要主体，体育产业的经营者与管理者要密切注意这一群体的变动情况。

二、体育消费者行为

(一)消费者行为基本理论

1. 消费者及消费者行为

从狭义角度来看，消费者指购买、使用各种产品和服务的个人或居民户。从广义来看，消费者指购买、使用各种产品和服务的个人或组织。本书主要从狭义消费者的角度来研究消费者行为。

今天，消费者在大多数情况下对商品有选择的自由，企业可以在法律和社会规范的框架内对消费者予以劝导，施加影响。但是如果采取欺骗、垄断等手段来影响消费者，则将构成对消费者的侵权。

2. 消费者行为研究的内容

(1)消费者的心理过程和行为。消费者的心理过程是每个人所共有的心理活动,包括认知过程、情感过程和意志过程。消费者的购买行为一般分为五个阶段:确定需要、收集信息、分析评价、购买决策、购后行为。消费者购买目标的选定程度、消费者购买态度与要求、消费者在购买现场的情感反应、消费者行为的复杂程度和所购商品本身的差异、消费者对商品的认识程度,都是消费者行为学研究的对象。

(2)外在因素对消费者行为的影响。从社会整体范围考察,消费者行为与心理不仅受消费者自身的需要、动机等因素的影响,也受消费者生活的外界环境影响。经济环境是影响消费者行为的最基本因素。社会文化属于深层次影响因素,而家庭是消费者行为形成的基础,同时社会流行与习俗是两种最具影响力的消费行为影响因素。消费者行为本身是一个社会化行为,受个体所处外在环境的综合性影响。

(3)消费者购买过程分析。消费者购买过程不仅是一个用货币交换商品和服务的简单行为,而且也是一个购买中的心理活动和购买行为的复杂过程。

(4)企业营销组合因素对消费者行为的影响。企业营销组合因素包含产品环境、产品特征、定价策略、分销渠道、终端销售点、促销沟通等一系列组合因素。

3. 消费者行为学的研究意义

(1)从消费者的角度分析。从消费者的角度分析,研究消费者行为学有利于更好地认识自己和保护自己,进而作到科学消费。它能使消费者更好地了解、认识自身的心理及行为过程,具备现代消费者基本的知识和能力等素质,掌握科学决策的方法和程序,学会从庞杂的信息中筛选有用的成分,懂得如何更科学地确立消费观念和消费方式。

(2)从企业的角度分析。从企业的角度分析,研究消费者行为学有利于企业树立“消费者是上帝”的理念,科学开展企业营销活动,高速、有效地制定营销决策。企业一切活动的开展都要以消费者为中心,帮助消费者树立健康、文明、科学的消费观和消费方式,使消费者和企业能够获得双赢。

(3)从社会的角度分析。从社会的角度分析,研究消费者行为学有利于国家制定宏观的经济政策和法律,有利于增强我国的国际竞争力,从而有力地推动我国进一步开拓国际市场。

(二)体育消费者行为含义

体育消费者行为是体育消费者围绕体育消费品的购买决策过程而产生的一系列心理和生理活动的总称。① 一般来说,体育消费者行为主要包括心理活动和生理活动两个方面,心理活动主要指的是消费动机等行为,而生理活动则是指购买行为。

(三)体育消费者行为阶段

通常来说,体育消费者行为可以分为以下六个阶段,如图 1-1 所示。这六个阶段的内容是密切联系在一起的,缺一不可。

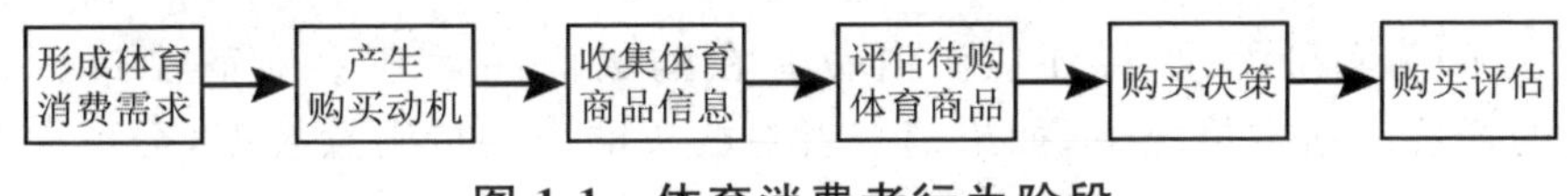

图 1-1 体育消费者行为阶段

(1)第一阶段:消费者形成体育消费需求。消费者在购买相关的物品前,首先就要形成一定的需求和购买动机,这是一个重要的前提条件。消费者只有具有一定的体育消费需求才能产生一定的购买行为,这一阶段必不可少。

(2)第二阶段:消费者产生购买动机。消费者具备一定的体育消费需求后,能否产生购买动机,会受到各方面因素的影响。其中,生理因素、心理因素、社会因素、经济因素等都是最重要的因素。消费者在经过这些因素的刺激和影响后会产生心理的冲动,即购买动机。

注意、情感和意志这三个阶段相互影响,彼此渗透,共同构成体育消费者的购买心理冲动,即购买动机。意志过程是体育消费者努力排除各种干扰,自觉准备实现购买的关键性阶段,研究和掌握体育消费者的购买动机形成过程,有利于指导体育经营单位的生产和销售工作。

(3)第三阶段:收集体育商品信息。消费者获取信息的来源是多种多样的,作为体育产业的经营者一定要充分了解消费者是从什么渠道获得商品信息的,如相关团体、广告等。只有了解了这些信息,体育产业的经营者才能有针对性地展开产品的宣传与推广,从而更好地激发消费者的购买动机。

(4)第四阶段:评估待购体育商品。消费者在产生了一定的购买动机后并不一定会直接购买,还会对所要购买的商品进行一定的评估,然后才决定

① 苏秀华.体育产业经营与管理[M].北京:北京体育大学出版社,2008.

是否购买，因此，作为体育企业一定要仔细整理和分析消费者的这些信息，以准确把握消费者的基本情况。

(5)第五阶段：购买决策。消费者在产生购买动机并作为一定的分析和判断后就会产生一定的购买决策，体育消费者在购买过程中还会受到其他因素的影响，如体育消费者自身的因素，以及他人态度和意外情况等(见图 1-2)。

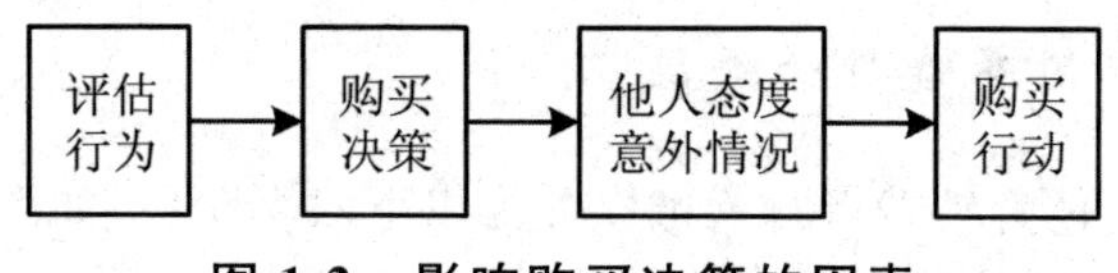

图 1-2　影响购买决策的因素

(6)第六阶段：购买评估。消费者在购买商品后还会对商品进行一定的评价。通常情况下，如果消费者对购买的商品持满意态度，会再次购买或者推荐别人购买；反之，如果对购买的商品不满意，就会得到相反的结果。

(四)体育消费者行为的特点

1. 体育消费者需求的特点

体育消费需求的特点大致包括以下方面。

(1)差异性。体育消费者的年龄、兴趣、爱好、职业都会导致其在参与体育消费时有很大的不同。

(2)层次性。体育消费者具有不同的消费需求层次。当体育消费者满足了自身低层次的消费需求时，就会转向更高层次的需求。

(3)伸缩性。体育消费属于一种闲暇消费，人们只有在闲暇时间里才有可能参加体育消费，因此，体育消费需求的弹性较小。

(4)可诱导性。可诱导性是消费者需求的一个重要特点，指体育企业通过各种途径和手段了解体育消费者的情感变化，进而对其购买行为产生一定的诱导作用。

2. 体育消费者购买动机的特点

(1)求新动机。消费者为紧跟时代发展的潮流而通常倾向于追求体育商品的个性和时尚，以满足自己的个性化需求。

(2)求奇、求特动机。体育消费者追求商品的特殊性和奇特性，那些特殊造型及风格的商品更容易受到消费者的青睐。

(3)求刺激动机。体育商品具有一定的感官刺激和精神刺激的特点，能激发消费者的购买动机。

(4)求现场气氛的动机。如在体育赛场浓厚的气氛下，消费者能极大地宣泄自己的情绪，因此这些赛事深受球迷的欢迎和喜爱，他们能在赛场上尽情宣泄自己的情绪。

(5)求强身健体的动机。这部分消费者参加各种消费活动是具有强烈的追求强身健体的动机，如参加体育俱乐部健身等。

(6)求社交的动机。这部分消费者参与体育消费主要是通过体育活动来实现商业交易的目标，具有很强的针对性和目的性。

(7)求身价的动机。这部分消费者参与体育消费主要是为了彰显自己的身份和地位，如参加高尔夫、马术等各种“贵族”运动。

3. 体育消费者购买活动的特点

不同的体育消费者在购买体育商品时，存在不同的反应。比如在顾客多、营业员少、经营面积狭小的情况下，有些人会耐心等待，有些人会异地购买，也有些人则干脆打消购买的念头。

体育消费者的购买活动呈现出以下几个不同的特点。

(1)理智型。这一类型的体育消费者头脑一般都比较冷静，对事物具有独到的见解和看法，不容易受外界各种因素的影响。

(2)冲动型。这一类型的消费者感情一般都比较丰富，非常容易受外界因素的影响，通常在偶然的情况下做出购买行为。

(3)经济型。这一类型的消费者非常关注商品的价格，他们产生购买行为需要经过一段时间的深思熟虑，在认为某一商品值得购买后才会产生购买行为。

(4)习惯型。这一类型的消费者通常养成了一定的体育消费习惯，习惯于购买某种体育商品，其购买行为具有一定的固定性，外界因素很难促使其发生改变。

(5)情感型。这一类型的消费者有深刻的情感体验和丰富的想象力，通常会受到促销等因素的诱导而产生购买行为。

(6)群体型。这一类型的消费者通常不会单独进行体育商品的消费，而是跟随集体活动，如参加健身房锻炼、参加羽毛球活动等。

(7)不定型。这一类型的体育消费者购买心理通常非常不稳定，其购买行为容易受他人意念的影响。

(五)体育消费者行为的影响因素

1. 体育消费者自身因素

体育消费者购买行为首先受其自身因素的影响,特别是受其家庭经济状况、职业与文化水平、个性与爱好、年龄与性别等因素的影响。

(1)家庭经济状况。体育企业经营者要充分考虑消费者的经济状况去设计产品,确定产品的价格,为消费者提供高质量的产品和服务。

(2)职业和文化水平。职业和文化的不同也会影响消费者的体育消费水平。因此,这就要求体育产品经营者要有针对性地制定营销策略,积极引导消费者进行合理的消费。例如,据有关研究的结果表明:观赏型体育消费者主要集中在青年学生和工人,保龄球、网球、健身健美等项目的体育消费者则主要集中在白领阶层。

(3)个性与爱好。体育消费者的爱好和个性也会影响其购买体育产品。比如,喜欢某位球星或者球队,往往就会产生一定的购买力。因此,这就要求体育经营单位要充分了解和掌握体育消费者的爱好和个性,以此设计符合其心理需求的体育产品。培养追星族的途径包括:请球星和球迷见面签名进行推广;制作各种球星产品,如球星卡、印有球星号码的运动服装等。

(4)年龄和性别。体育消费者的购买行为也在一定程度上受到年龄和性别因素的影响。通常情况下,男性倾向于对抗较激烈的项目,而女性则倾向于较柔和的项目。青少年倾向于选择惊险刺激的运动项目,老年人则倾向于选择运动量和运动强度都较小的运动项目。因此,这一方面的差异比较明显。例如,观赏型体育消费、网球、台球等项目主要以男性体育消费者为主,而健身健美则主要以女性体育消费者为主。

2. 体育消费者的相关群体

相关群体是指影响体育消费者行为的个人或组织。体育消费者作为社会一员,在参与或从事体育消费活动时要经常与家庭、学校、工作单位、左邻右舍、社会团体等发生各种各样的联系。相关群体可分为直接相关群体和间接相关群体。

(1)直接相关群体。直接影响体育消费者行为的个人或组织,包括家庭、亲朋好友、同事、同学等。

有些体育经营单位就制定了一些与此相关的营销策略。例如:某健身中心一个会员可以免费带一人入会的促销活动;高尔夫球俱乐部一张会员卡可以带四个非会员打球,等等。

除此之外，体育消费者在平时生活中与左邻右舍的往来也十分密切，购买体育商品时邻居之间相互影响也较强烈。

(2)间接相关群体。与体育消费者接触不太密切或根本没有接触，但对体育消费者行为有一定影响的个人或组织。如中国女足队长孙雯率领中国女足获得了世界杯比赛的亚军，由于她本人技术精湛、品质顽强、射门进球最多，被评为世界球星并荣获“金靴奖”。阿迪达斯运动服装公司在荷兰本部聘请孙雯为阿迪达斯公司的形象小姐，以引导体育消费者的购买行为。

3. 体育经营单位自身因素

体育经营单位作为体育市场营销的主体，其行为都受到体育消费者的关注。若大部分体育消费者对体育经营单位产生好感，并形成有利的舆论，就会踊跃地购买该企业的产品。因此，体育经营单位在分析影响体育消费者行为因素时，切不可忽视自身因素。

(1)体育经营单位形象。体育经营单位的形象也在一定程度上影响消费者的购买行为，体育企业经营者必须重视自身的形象建设，为消费者树立一个良好的形象。

(2)体育产品形象。体育经营单位一定要重视树立良好的体育产品形象，否则就难以得到消费者的青睐。

(3)体育经营单位的销售服务工作。体育经营单位的销售服务工作是非常重要的，因为这直接影响到消费者的购物体验，对体育企业的长远发展具有非常重要的意义。

售前服务的主要目的是了解消费者的心理需求与基本情况，以为其提供有针对性的服务，促使消费者产生购买动机。

售中服务对消费者购买行为会产生非常重要的影响，因此体育企业必须十分重视售中服务，要在销售的过程中为消费者提供细致周到的服务。

售后服务的工作最为重要，它会直接影响到体育消费者将来的购买意向。体育产品的售出是销售工作的第一步，售后服务会深深影响到顾客的购买体验。因此，体育企业要对此重视起来。

(4)体育经营单位的营销工作。

①企业营销战略。企业营销战略是指企业在激烈的市场竞争中为进一步占领市场、扩大收益并谋求长期生存和发展而对市场营销发展进行的总体设想和规划。为制定务实且有效的营销战略，企业应对宏观环境、市场特性、行业动向及本企业状况有充分的了解和把握，并在此基础上对本企业的市场竞争因素及市场机会进行分析，对企业自身的优劣势进行反思，对客户需求和可能存在的问题做出预测，对企业文化和团队素质进行提升，最终确

定一系列企业营销战略，服务企业经营，帮助企业塑造品牌形象，保障企业营销获得最大利益。

②产品策略。现代营销学之父菲利普·科特勒将产品定义为留意、获取、使用或消费以满足某种欲望和需要而提供给市场的一切东西。体育经营单位在其产品营销战略确定后，在实施中需要采取一系列有关产品本身的具体营销策略。

③价格策略。针对企业产品在市场中定位、竞争环境、市场地位的不同，产品的价格策略也有所不同。体育经营单位应根据消费者对价值的理解和需求程度来制定产品价格。

④渠道策略。渠道策略是指为消费对象提供尽可能便捷的消费通道，使顾客能更迅速地接触到产品，更便捷地使用服务设施，更快速地购物消费。企业应从消费者的角度出发，实施注重“顾客、成本、沟通”的渠道策略。其中，供销路线、人员销售、陈列、实体分配等要素都是渠道策略中重要的研究因素。近年来，以互联网为基础，利用网络媒体辅助营销的网络营销渠道成为新型的营销手段。

⑤促销策略。促销策略是指企业通过一系列促销方式，让消费者有更多的途径接触产品、获得产品信息以及进行产品试用，在此过程中激发消费者产生购买产品的兴趣、欲望及实际的购买行为。促销通常有两种方式：一是以推销员为核心的人员推销；二是以大众传播媒介为核心的非人员推销。

除此之外，体育消费者的家庭、亲戚朋友、同学、同事和邻居等群体也会在一定程度上影响到消费者的购买行为，体育企业也应考虑到这些因素。

第二章　体育产业理论体系

体育产业系统非常复杂，涵盖的因素非常之多，因此，要想更好地经营与管理体育产业，就需要深入细致地分析体育产业中的各项要素。本章首先对体育产业结构的特征与优化原则作简要介绍，然后介绍体育产业组织的理论与构成，接着介绍了体育产业组织建设的对策，最后对体育产业各种政策一一进行叙述。

第一节　体育产业结构理论

是否拥有一个完善的产业结构将对体育产业的发展产生至关重要的影响。体育产业系统由相互独立的多个部门组成，各部门之间各司其职，又紧密合作。体育产业生产总值的分布情况以及配置情况需要通过体育产业结构来体现，因此重视体育产业结构的发展与完善是非常有必要的。

目前的产业部门已从物质生产部门扩展到非物质生产部门、知识生产部门。现实经济中的产业部门也远非像两大部类间的关系那样简单明了，产业结构中包括了多种产业部门之间相互提供中间产品和服务的错综复杂的联系，建立在这一划分基础上的产业分析很难真正地反映产业结构升级和转换的内容。

在体育产业结构系统中，各要素之间、结构之间发生着密切的联系。一项内容的发展必然会带动另一项内容的发展，如随着全民健身运动的深入进行，健身娱乐业获得了快速的发展，在这样的背景下，体育用品业也随之日益兴盛。因此，为促进体育产业的健康快速发展，必须要加快体育产业结构的优化与升级，建立一个健全和完善的产业结构体系。

体育产业系统非常庞大，其中包含诸多要素，每一个要素的发展都对体育产业产生重要的影响。因此，体育产业管理者一定要调整和升级合理的产业结构，保证各要素之间的良性互动，从而实现良性发展。而在研究体育产业结构及各项环节和要素时，可以从定性和定量两个层面进行考察，要重视产业系统内不同要素、不同结构之间存在的密切相关性，深入挖掘其中的意义，加强彼此之间的联系。

一、体育产业结构的特征

（一）整体性特征

体育产业是一个大的系统，系统内包括多种多样的要素，系统主要是由这些要素构成的，否则就难以形成系统，因此说系统结构和系统要素之间的关系非常密切。为便于理解，我们可以把系统结构看为一个各种要素的集合体。系统的结构就是这些要素的总和。系统内各要素的发展要遵循一定的客观规律，系统整体与各要素之前相互依存，共同发展。

体育产业内的各项活动之间有着非常强的关联效应，也有着非常复杂的耦合关系。因此说体育产业系统是非常庞大而复杂的，如果只是简单部分的叠加，体育产业是难以获得良好发展的。正因如此，体育产业作为一个大而复杂的系统才得以健康持续的发展。研究表明，体育产业具有明显的集体效应和丰富的内涵，体育产业系统的健康发展建立在系统内各要素的健康发展之上。

（二）自发性特征

在体育产业系统内，体育产业结构会自发建造，进而实现产业结构的升级。任何一个事物都是处于不断地变化和发展之中的，体育产业也不例外。在体育产业系统内，各要素始终是密切联系在一起，并始终往前发展的。在体育产业发展的过程中，产业系统内的每一个子系统也在进行着不断的调整，好像有“无形的手”操纵着这些子系统。为什么会出现这种情况呢？这是因为，体育产业系统中的各个子系统，以及子系统中的各个要素之间都是相互联系、相互制约的，共同推动着整个产业系统的发展。

（三）转换性特征

转换性也是体育产业结构的一个重要特征。一般来说，体育产业结构问题主要指的是体育产业的资源配置问题。体育产业的发展机制为产业结构运转—引进物质、能量和信息—创造体育产品，通过这一程序，生产出大量的体育产品充分满足消费者的个性化需求。为了能让体育产业结构按照预期或超预期顺利优化与升级，要根据生产规模、生产实际与需要，按需优化配置各要素，使各要素充分发挥其作用，共同完成预期目标，促进体育产业水平的进一步提升。

（四）层次性特征

任何系统都包含诸多的子系统，子系统之间发生着密切的联系，从而促使整体系统获得发展。体育产业也是如此。体育产业结构的各个层次之间发生着密切的联系。正是因为各个层次结构的相互联系与配合才构成了完整的体育产业结构，因此任何一个层次结构的变化都会在一定程度上影响着体育产业结构的发展。体育产业结构的这一层次性特征对于其自身的发展而言是十分重要的，要想推动体育产业的进一步发展，体育产业的从业者需要认清体育产业中的各个层次及之间的联系，以此为依据制定合理的产业发展方案。

二、体育产业结构优化的原则

（一）整体性发展原则

整体性发展原则主要是要求系统整体功能大于部分功能之和。体育产业系统涵盖多个部门，同时也有很多的行业，这些行业有着一定的主次之分，优先发展主导产业，以先进带动后进是我国体育产业发展的大体思路。目前，健身娱乐业、竞赛表演业等都属于体育产业的主导产业，在各方面的推动下，这几项产业都获得了不错的发展。总的来说，只有这些主导产业获得发展了，其他相关产业才能在其带动下获得进一步发展。

在发展的过程中既要讲究主次与侧重，又要注重整体，不能荒废了任何一方面的发展。我们在资源配置的过程中，要深入细致地分析系统内的各个要素，促进各要素的协调发展，只有如此才能充分发挥整体协调功能，实现共同发展。

（二）层次性发展原则

通过以上内容的分析，我们可以知道体育产业结构并不是一成不变的，而是随着内部各要素的发展变化而在不断地变化。总之，体育产业结构在不同的阶段会出现不同的层次。因此，在体育产业结构调整与优化的过程中,要根据不同层次的不同功能,根据实际情况进行适当的调整,让每个层次都充分地发挥自己的作用,实现产业结构的层次化发展。另外,我们还要分清什么是较高层次的要素,什么是较低层次的要素,要对其进行合理的搭配,实现协调发展。

(三)动态性发展原则

体育产业结构的优化是一个长期的过程,是一个动态发展的过程。在这一过程中,根据市场的变化,体育产业结构会根据实际需求进行动态调整,这样就会发生各种各样的变化。所以说,体育产业结构并不是想当然、一蹴而就的,体育产业管理者要综合各方面的因素,结合本区域的资源条件、经济水平等制定科学合理的发展方案,并始终遵循与时俱进、动态发展的基本原则。

(四)开放性发展原则

一个系统如果只固步自封,不开放,那么这个系统做大、做强的可能性就不大,所以要建立一个远离平衡状态的开放系统。在这一系统之下,系统内部各要素结构会发生各种各样的变化,各要素会重新组合以适应系统发展的要求。体育产业结构的优化不是一件容易的事情,在优化的过程中会遇到各种阻力,我们要坚持系统开放性原则,加强系统内外部各要素之间的密切联系,实现健康发展。

在全球一体化发展的今天,各个国家或地区的发展都不是孤立的,都与其他国家或地区发生着密切的联系,体育产业的发展也是如此,体育产业要想获得持续健康的发展必然要突破国界,走向世界,与其他国家或地区的体育产业展开良好的互动与交流,这是当今体育产业一个重要的发展趋势。如当今规模宏大、影响力深远的足球世界杯、奥运会等大型体育赛事都是这样的一种类型。

(五)效益性发展原则

在市场经济条件下,资源配置的作用越来越重要。对于体育产业而言,要想实现资源的最佳配置和组合利用,达到最佳效益的发展状态,就必须要以效益性发展为原则进行产业结构的调整。在调整与优化的过程中要不断加强政策扶持与引导,坚持经济效益和社会效益并重的基本原则,向广大人民群众提供多样化的体育产品或服务,以满足人们的个性化体育需求。

三、统筹优化区域产业结构

（一）以市场建设为主，政府指导为辅

体育产业的健康发展，需要各个方面的协调配合，其中市场与政府的配合就是非常重要的一个方面。总之体育产业的发展既需要政府部门的宏观调控，又需要市场经济体制的调节作用，如此才能保证体育产业健康的发展。而体育产业结构的优化也需要这两个方面发挥作用，需要注意的是，在发展的过程中，要注意二者的主次，要以市场调节为主，政府指导为辅，二者协调配合共同推动着体育产业结构优化与升级目标的实现。

（二）发挥区域间互补的整体优势和综合比较优势

我国地域辽阔，各地区之间的经济发展水平存在着较大的差异。在区域经济一体化发展的今天，体育产业的发展应充分利用好区域间互补的优势，合理地调整与优化区域体育产业结构，实现体育产业的健康发展。

(1)充分挖掘与开发各区域的优势资源。为促进区域体育产业经济的发展，必须要充分利用好地区资源优势，优先发展具有当地特色的产业部门，在这些部门获得一定程度的发展后再带动其他产业部门的发展，如此才能构建一个健全的区域产业链，共同获得发展。

(2)发展西部体育旅游业。在西部大开发的战略下，发展我国西部体育旅游业也是一个重要的策略，西部地区有着风格独特的体育旅游资源，能深深吸引着旅游爱好者的目光，推动体育旅游在这一地区的发展有利于整个西部地区体育产业的发展。

(3)加强中西部体育产业基地的建设。我国中西部也拥有比较丰富的体育资源，因此我国政府部门也要重视这一地区体育产业的发展，在中西部建立必要的产业基地是一个重要的策略。通过合理地规划产业布局，促进本地区体育产业的协调发展。

（三）建立一个统一开放、竞争有序的区域市场体系

我国各区域在经济发展方面存在着差距，为推动各区域体育产业的发展，需要我们在充分调查各地区体育产业现状的基础上，给予这些产业地区必要的政策扶持，逐步消除地区壁垒，不断完善市场调节机制，从而建立一个合理有序的体育产业市场体系。

第二节 体育产业组织理论

产业组织理论是一门用微观经济学和计量经济学来分析产业组织和企业行为、面向现实和具有政策倾向性的学科。历史上，超大型托拉斯的形成与寡头垄断化所导致的弊端，让人们认识到了政府介入市场的必要性，这也成为竞争法和产业组织理论产生的基础。进一步说，产业组织理论的发展对公共管制和竞争政策也产生了影响。

一、产业组织理论概述

有人常常会提出如下问题：在现实产业中，有多少是符合完全竞争假说的？现实中的多数大企业有没有价格决定权？现实中企业行为的目的就是为了利润最大化吗？现实经济中政府的作用非常重要吗？等等。

在初级微观经济学中，首先常假定市场是完全竞争市场，在此基础上说明消费者和生产者的行为。然后，进一步阐述市场资源的有效配置等问题。有关完全竞争市场的问题，在这里，我们暂不对其定义做具体描述。基本上，与市场整体的大小相比，因个别卖方和买方的购物数量不大，不会对交易中的商品和服务的价格产生影响。所以，我们希望读者把买卖双方作为市场价格的接受者来对待。

越是对现实的产业组织理论与企业行为、政府的作用等关心的人，就越能感受到完全竞争市场假说以及由此得出的效率性结论，与现实的产业组织和企业行为、政府的作用之间存在着巨大的差异。笔者在接受人们的上述质疑时，充分肯定这样的质疑是自然而有意义的。同时，也会作出如下的回答：

与完全市场假说相近的行业只有股票市场、一部分农产品市场和一部分服务行业。对于制造业（啤酒、钢铁等）、信息通信业、航空业等多数产业而言，因企业数量较少，从而形成了寡占市场；对于电力、煤气、自来水等公益行业，有些行业形成了区域寡头的垄断状态。因此，经济学最初提出的完全竞争市场假说，就是因为其最容易进行分析。从比较容易的讲义上看，通常的顺序是，以完全竞争市场作为出发点，从阐述寡头垄断市场、垄断性竞争市场和寡占市场等不完全竞争市场，逐渐朝较为现实的方向做高度化的分析。如果是完全竞争市场，会实现资源的有效配置，但多数的实际市场不是完全竞争市场,而是不完全竞争市场。所以,不一定会实现资源的有效配置。因此,政府的作用就显得非常重要了。

基于此,这里有一个小小的建议:如果对现实的产业组织理论、企业行为和政府的作用感兴趣,请在学完微观经济学后,再来研究产业组织理论。

通过上述分析,我们多少会了解到产业组织理论是一门什么样的学科了。产业组织理论是用微观经济学来分析产业组织、企业行为的学科。所谓产业组织,是阿尔弗雷德·马歇尔提出的概念,包括企业的内部组织(是否进行纵向统合?是否进行分割?是否采用了事业部制度等),一个产业内部的企业和企业之间的关系(是竞争性的,还是寡头性的,还是垄断性的),还包括产业之间的关系以及企业和国家之间的关系等。在产业组织理论中,在分析产业组织和企业行为时,某个产业、企业的经济行为是否有效率,或者说某一产业、企业要实现效率化,对什么样的行为进行分析成了产业组织理论的重要目的之一。

产业组织理论的特征之一就是现实性。此外,理论上的结论与现实是否相符,要用计量经济学来进行实证分析。通过理论分析与实证分析的结合,来阐述现实的产业组织和企业行为也是产业组织理论的课题之一。

在现实的市场中,以寡头垄断、寡占、垄断性竞争等不完全竞争市场居多。因此,产业组织理论的分析以不完全市场中的产业组织及企业行为,特别是企业的策略行为作为分析的核心。1980 年,M. E. 波特(M. E. Porter)通过对产业组织理论的研究,出版了《竞争策略》一书,彻底改变了经营的策略论。产业组织理论中的企业行为分析具有改变经营学的强大的现实稳妥性和影响力。

产业组织理论的另一个特征就是政策性。在经济政策中,产业组织理论无论在理论上,还是在实证上都对公共管制、竞争政策提供了经济学的依据。在当今社会里,政府在以各种形式介入民间的经济活动。例如,政府经营特种行业、政府限制其他企业进入特种行业、政府规范特种行业的收费等。针对此类公营企业的存在以及进入规制、成本管制等公共管制,政府应该进行什么样的干预,从经济学的效率性来分析也是产业组织理论的重要课题之一。回顾历史我们知道:产业组织理论为公营企业的私有化及管制松绑提供了理论依据。20 世纪 70 年代后期,美国和英国,后到欧盟、日本的大范围私有化、管制松绑的实现等,产业组织理论都对此作出了重要贡献。

此外,政府为了实现市场竞争的效率性,也常常介入私营企业的活动。在政府实施的多种公共政策中,维持市场竞争所进行的各种尝试统称为竞争政策。

属于竞争政策的有，对私人垄断加以一定的限制，制定取缔卡特尔行为的卡特尔管制，在审查大型企业之间合并所带来的影响的基础上，制定企业合并规制从而决定是否准许合并，对非公平交易手段及误导性标示进行取缔等。竞争政策所依据的就是竞争法。美国的《反托拉斯法》、日本的《独占禁止法》都属于竞争法。此外，根据竞争法，执行竞争政策的政府部门称为竞争当局，美国称为联邦司法部和联邦贸易委员会，日本称为公平交易委员会。

二、体育市场结构

(1)垄断竞争型市场结构。垄断竞争型的市场结构是一种竞争性非常充分的市场结构。垄断竞争型市场结构中包括各种类型的商业俱乐部和会员制的社区体育组织，其企业主体是大量的规模较小的企业。

(2)完全垄断型市场结构。传统的竞争理论认为，在完全竞争的市场上，低效率的企业由于在竞争中处于劣势会被淘汰，企业为了生存必须采用最先进的技术，而且采用先进技术也不能支配价格。因为只要存在超额利润，采用更先进技术的新企业就会进入高利润产业，使超额利润消失，产业内所有的企业都是效率最佳的企业，从而实现了经济的整体均衡和资源的有效分配。新奥地利学派的哈耶克认为，每个企业的成本水平取决于企业家的经验和特殊知识，即使企业的规模相同，只要有的企业比其他的企业节约资源投入，其平均成本就会较低，这是垄断先进技术或管理的利益。哈耶克还认为，最佳规模的不断变化与科学技术和经济条件的变化相关，当大企业也面临着其他大企业的进入压力时，规模就成为对抗规模的手段。

哈佛学派认为，广告费用的规模经济以及广告对扩大产品差别所起的作用，使其成为促进集中和垄断市场的重要因素。新奥地利学派认为，如果从资源投入与产品增值比的角度分析，广告信息成本的支出是必要的，没有证据表明广告费用的支出是一种浪费。政府必须管理的是社会公共资源，国家应当拥有那些非营利的服务部门，分离生产与供给，政府对生产进行管理，把供给交给市场机制，应当允许其他企业在政府不能提供服务的领域进行生产和销售。

完全垄断型市场结构是垄断组织利用各种手段构建自己的市场贸易壁垒，排除其他竞争者，追求市场利润最大化。对于垄断体育组织而言，一切经营或管理活动都由自身开展，其他组织或个人都不能介入，有着较强的封闭性。

(3)寡头垄断型市场结构。如今，体育广告业、体育娱乐业、体育建筑业等几个行业都具有一定的寡头垄断特征。

在体育产业体系中，竞技体育具有非常明显的寡头垄断特征。它建立和形成了一个非常强大的垄断组织，同时竞技体育的寡头垄断市场具有很高程度的进入和退出壁垒。

三、体育市场绩效

（一）体育市场资源配置的效率

体育企业要想实现快速发展，提高市场资源配置的效率是其中一个非常重要的手段，提高资源配置效率的主要目的是以最小的成本获取最大的利益。

(1)考察体育产业的利润率。一定要采取科学的手段与措施准确计算出体育企业的利润率。通过得出的利润率，体育企业能够看到消费者个人利益与最大化的体育福利之间的差距，从而采取有针对性的手段和措施进行调整。

(2)考察产业市场进入壁垒的程度。体育产业市场是有一定门槛的，并不能够随便进入。因此考察体育产业市场的进入壁垒程度是尤为必要的，这在一定程度上决定着体育产业市场的健康发展。

(3)考察政府的干预程度。在体育产业市场发展的过程中，政府在其中也扮演着十分重要的角色，体育产业市场的发展除了遵循市场经济的客观规律外，还需要政府部门的宏观调控，但政府只是在其中起辅助和引领作用。因此考察政府对体育产业市场的干预程度，能判断出政府调控以及市场是否失灵。

(4)考察消费者的体育需求情况。需求与供给是体育产业市场中的两个重要因素，供给端与需求端有着极为密切的关系，考察消费的需求情况能帮助体育企业做出改变，使所生产的产品或者提供的服务更能满足消费者的需求与预期，对促进企业的健康发展具有重要的意义。

（二）体育产业规模结构效率

通过对体育产业组织及结构的分析，我们可以发现，以下两个方面影响着体育产业规模结构效率。

(1)经济规模的实现程度。一般来说，经济规模的实现程度通常用达到或接近经济规模的产量占总产量的比例来表示。但这是一种理想的情况，实际上在现实中没有任何一家体育企业能达到这样的要求。那些规模相对较小的体育企业，受各种因素的影响，他们通常很难获得较大的经济利润，有些体育企业甚至存在着长期亏损的现象，但他们却选择继续维持下去而不退出市场。对于那些规模较大的体育企业而言，他们的运营成本一般都比较高，如果产业规模结构没有得到很好的调整，就会制约其进一步发展。

(2)企业规模能力的利用程度。体育企业规模能力的利用程度在很大程度上影响着体育企业的运营能力。我们可以从以下两个方面来分析：一方面，那些规模较大的体育企业通常拥有良好的基础设施，但实际上却存在着体育设施利用率不足的情况，这一现象在很多大型体育企业中都普遍存在着；另一方面，那些规模较小的体育企业，由于无法实现规模经济的要求，一些体育设施也被限制，也同样存在设施利用率不足的情况，这会对这些体育企业的健康运营产生不利的影响。因此，体育企业一定要引起高度重视，实现体育资源的合理配置。

(3)技术发展程度。体育产业的发展离不开一定的创新和创造，其中产品创新和技术创新是两个非常重要的方面。相对于产品创新，技术创新则是更为重要的一方面。一家体育企业的技术发展程度如何在很大程度上决定着企业运营与发展的水平。可以说，技术进步可以作为一个衡量体育产业市场绩效的重要标准，它主要通过体育企业的市场绩效表现出来。

坚持技术创新是体育企业发展的动力，体育企业要将创新看作自身的灵魂，体育企业的各个方面都要力求创新，实现创新式发展。竞技体育发展到现在，获得了前所未有的发展，这与技术创新是分不开的，运动员运动装备的更新、训练手段的改革、训练模式的设计等无不体现着技术的创新。总之，技术创新为广大的体育消费者提供了良好的产品或服务，正因如此，体育产业市场获得了持续健康的发展。

四、体育产业组织建设的对策

(一)完善体育产业人才结构

为保证体育产业的健康发展，必须要构建一个健全、完善的组织与管理体系，而组织与管理体系的建立则有赖于管理人才的培养。目前，据调查发现，我国体育产业在管理人才方面的培养还不够，不仅数量上有所匮乏，而且现有管理人员的综合素质也不高，这在一定程度上制约着我国体育产业的发展。

为了体育产业的长远发展，提高企业竞争力，要根据体育产业市场发展的基本规律，建立一个科学和完善的体育产业人力资源管理结构（见图 2-1）。

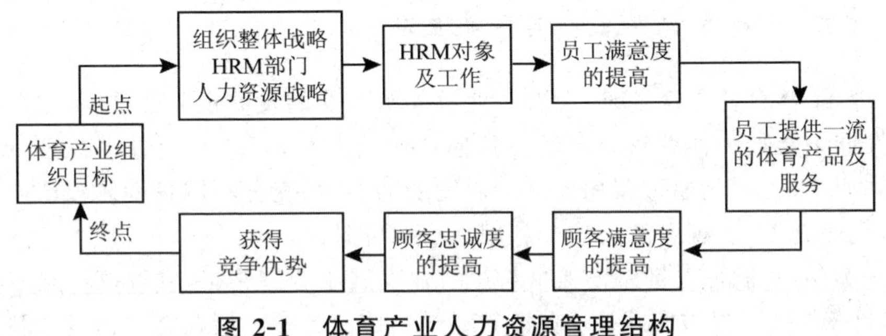

图 2-1　体育产业人力资源管理结构

（二）重视体育产业技术创新

技术创新是体育产业组织建设与发展的关键，所以要给予其高度的重视。一般来说，技术创新产品主要指的是实物产品创新和服务产品创新两个方面，这两个方面都非常重要。目前，我国体育产业市场中主要存在着垄断企业和非垄断企业两个部分。处于体育产业市场中的体育企业一旦创新成功就能够迅速获得垄断优势，在其获得较大的垄断利润后便会逐渐巩固其垄断地位。这时其他企业会模仿他们的产品，这样一来，垄断企业的产品的竞争能力就会不断下降，为了保住市场份额，保住公司的垄断地位，创新企业又开始了新一轮的创新，或对产品进行再创新，或优化生产技术进行技术创新，由此形成一个产业竞争的循环。

需要注意的是，不论是产品创新还是技术创新，体育企业的主要目的都是实现利益的最大化。只有不断地创新，才能使得体育企业的产品或服务具有较强的竞争力，才能吸引广大的消费者前来消费，否则只能在激烈的竞争潮流中败下阵来。

相对于产品创新，技术创新更为重要，技术创新可以说是体育企业保持市场竞争力的根本所在，只有走在技术创新的前沿，体育企业才能在激烈的市场竞争中获得可持续发展。

（1）采取创新的手段与方法节约劳动力，如网络购买球赛的门票就属于这样一种创新。

（2）采取创新的手段与方法节约资本，如多功能体育馆就属于这样一种创新。

(3)提高效率或质量的技术创新,这种创新只注重提高效率或质量这一结果。

(三)重视体育产业相关产业互动

除了体育核心产业外,相关产业及外围产业的发展也非常重要,在今后的发展中要加强体育核心产业与其他产业间的互动,相互促进,共同发展。具体而言,主要是通过累积体育产业发展的经验,充分利用各种体育产业资源,互通有无,实现资源的充分利用,获得共同发展。

例如,我们可以将体育赛事与旅游业发展结合起来,建立赛事—旅游模式,这一模式已经被实践证明是非常科学的体育产业发展模式。如澳大利亚墨尔本旅游局就充分结合当地的体育资源,利用现代多元化的推广手段宣传与推广旅游赛事,吸引广大的体育旅游爱好者前来参与,达到盈利的目的。①

第三节　产业政策体系

为促进我国体育产业市场的完善与规范化发展,国家要制定相关的政策或措施引导居民进行合理的和正确的体育消费,保证体育产业市场的顺利运转。

一、产业生命周期理论

国内外一些研究资料显示,产业政策的范畴包括从研发到催生产品诞生、企业在市场上竞争到最终退出市场整个生命周期。它有四个窗口,第一个是技术机会窗口,第二个是市场机会窗口,第三个是环境机会窗口,第四个是政策机会窗口。根据这四个窗口,形成三个失灵、一个市场拥挤效应。第一个是产业化机制失灵:有技术无市场,不能形成产业化;第二个是技术市场失灵:有市场无技术;第三个是环境供给失灵:环境问题形成的供给悲剧。一个市场拥挤效应,是指政府通过产业政策制定,形成一种信号鼓励,通过信号给企业一种明确的指向,可能导致企业一拥而起,导致产能过剩,形成市场拥挤效应。

---

① 马海涛,谢文海. 国际大都市体育产业组织路径的经验与启示[J]. 世界地理研究,2012,2(21).

政府要针对这三个失灵和一个拥挤效应，来制定相应的产业政策，要抓住产业政策的着力点，发挥产业政策的有效性和针对性。

二、体育产业结构政策

（一）体育主导行业选择政策

政策的制定是需要科学依据的，需要结合体育产业发展的实际和各种影响因素进行。我国的体育主导产业主要是体育用品业、竞赛表演业和健身娱乐业等。加强这几个产业部门的发展至关重要。

体育用品业发展的好坏直接影响到我国体育产业体系。实际上我国的产品制造业在世界上就拥有着广泛的影响力，其在国民经济中的地位非常之高，其发展受到党和国家领导人的高度重视。

竞赛表演业也是体育产业的重要组成部分。随着竞技体育运动的高度发展，各种类型的体育赛事大量涌现出来，这就为体育竞赛表演业的发展奠定了必要的基础。当今社会各种各样的体育竞赛活动在每年都大量地举办，其发展能带动周边行业的快速发展。体育竞赛表演业的发展离不开体育产业其他部门的支持与帮助，如竞赛表演业的发展需要体育用品业提供各种体育服装和设备；而体育培训业也能为竞赛表演业提供各种服务等。竞赛表演业可谓是一个集大成者，其发展带动着竞赛表演业的健康发展。

体育健身娱乐业也是体育产业体系的重要内容，随着全民健身理念深入人心，全民健身运动也在如火如荼地开展着，为了更好地为广大的健身者提供良好的服务，需要不断加强体育基础设施建设。过去，受传统历史因素的影响，我国大多数的体育健身设施都建立在远离居民居住区的地方，其中有很多主要是运动员或专业人员使用，在居民小区内很少看到体育设施，这对于人们参加体育健身是非常不利的。因此，为激发人们参与体育健身的热情，帮助其养成良好的健身习惯，就需要加强社区的体育基础设施建设，为社区居民健身提供良好的基础设施。目前，我国一些大中型城市都相继建立了居民体育健身中心、体育指导中心等，同时还培养了大量的社区体育指导员，这些中心的建设以及体育人才的培养都为社区居民的健身提供了良好的指导。在这样的形势下，我国全民健身的氛围更加浓厚，体育健身娱乐业也随之迅速兴盛。

(二)体育战略行业扶持政策

作为政府部门的管理者,要制定有利于体育战略行业的发展政策,从而确保其获得健康快速的发展。一般情况下,只有满足以下条件才能称之为体育战略行业。

第一,能根据具体实际情况获得与当今产业市场相符合的运行方式。

第二,拥有巨大的市场发展潜力,未来发展前景可期。

第三,体育战略行业的发展关系到整个体育产业的发展。

体育培训业是由体育竞赛表演业和体育健身娱乐业催生而出的产业,近些年来,体育培训业获得了比较快速的发展。整体来看,当前我国还没有形成一个健全和完善的体育产业市场体系。居民参与体育健身的意识还有待于进一步提高,可以说体育培训业的市场潜力还是非常大的。因此,我国政府相关部门要给予体育战略行业必要的政策扶持。

(三)体育幼稚行业部门保护政策

体育幼稚行业部门是指那些竞争力不强,但拥有良好发展空间的体育产业部门,这一行业部门通常来说发展时间较短,还处于一个低级发展阶段,存在着各种各样的问题,需要我国政府部门采取各种政策与措施加以扶持。

受竞赛表演业等发展的推动,我国的体育中介产业发展十分迅速。随着我国体育健身娱乐市场、竞赛表演市场、体育人才市场等的发展,越来越多的企业开始委托中介机构承担经营代理业务。随着时代的不断发展,可以想见我国的体育产业市场必将更加完善。由于国外的体育市场发展时间较早,目前已形成了一个完善的体系,对我国体育市场形成了一定的垄断之势,而我国的体育中介产业发展较晚,目前发展水平与发达国家相比还存在着一定的差距,这就需要我们不断地学习其他先进企业的经验,不断地提高、完善,争取赶超他们,争做一流的企业。

三、体育产业组织政策

体育产业组织政策具有优化资源配置、实现规模经济(鼓励各区域体育企业加强沟通与交流,形成规模经济,实现共同发展)、促进技术进步(体育产业组织政策的目标要以技术进步为目标)的作用。主要包括以下内容。

（一）反垄断政策

一般而言，竞争性的市场并不能防止大企业通过勾结或排他性策略来强化其垄断势力甚至获得很强的垄断地位，因此，政府通过反垄断政策这只“看得见的手”来限制垄断组织这只“看不见的手”，它是最早也是最重要的产业组织政策，是政府对垄断性的市场结构、行为和效果的一种法律制约和政策限制。

在市场经济条件下，企业采取正当途径提高市场竞争力，实现规模经济并获得较高的市场集中度和利润率，是合理合法的，但是垄断形成以后，垄断者就有可能采取定价行为、价格协调行为、恶意兼并行为，排挤其他弱小企业，通过操纵市场来谋取高额利润。垄断者的这种排斥和限制竞争行为会直接或间接损害其他企业和经济组织的利益以及消费者的利益，因此，垄断存在，势必会影响公平竞争的市场环境，妨碍资源的合理配置，加大社会财富和收入分配的不公，进而影响整个经济社会的健康发展。

一般来说，垄断具有危害性，但也存在例外的情况。有些行业的某些垄断行为存在有利于资源的有效配置、市场稳定、提高产业竞争力的作用，尤其是关系到国家利益和社会公共利益的产业。诸如，具有自然垄断性的公共事业，如通信、电力、自来水业等，对于这些行业，世界上很多国家都采取“例外原则”，实现反垄断豁免。但是，反垄断豁免并不是放任自流，而是通过政府管制形式直接调控企业的行为，确保其合法经营反垄断政策的主要表现形式是反垄断法，由于国情不同，许多国家针对具有社会危害性的非法垄断制定了不同的反垄断法。例如，美国1890年制定的《谢尔曼法》、1914年的《克莱顿法》以及1914年的《联邦贸易委员会法》，日本针对垄断问题制定了《禁止垄断法》，欧洲共同体在《欧洲经济共同体条约》中也有明确的禁止垄断的条文，我国也制定了《中华人民共和国反垄断法》。反垄断政策主要包括禁止限制竞争协议、禁止滥用市场支配势力和控制企业兼并这三部分内容。这三部分内容被称为反垄断法的三根支柱或三块基石。

从现实发生的垄断行为看，限制竞争协议的实际发生数量和执法机关查处的数量都远远高于其他垄断行为的数量。因此，禁止限制竞争协议是反垄断政策的核心内容。

从反垄断政策实践看，某些限制竞争协议，在一些方面限制了竞争，但在另一方面又具有促进竞争的作用。例如，企业间在同类产品规格、型号方面达成的限制竞争协议，虽然限制了企业在产品的规格、型号方面的竞争，但是这有利于企业在产品质量、售后服务等方面开展竞争。

认定相关企业是否具有市场支配地位有两种立法模式。一是以德国、日本为代表，在法律中明确规定市场支配地位的判定标准。例如，日本的《禁止垄断法》第 2 条所规定的市场支配地位须具备三个条件：一是企业的市场占有率过大，一个企业每年在相关市场的销售份额超过 1/2，或者两个企业的市场份额之和超过 3/4；二是对其他企业造成市场进入障碍。三是企业提供的产品在较长时间内，价格明显上涨或居高不下，取得显然超过正常利润率的利益或者支出了显然过大的销售费用或一般管理费用。

（二）中小企业政策

一国政府在制定中小企业政策时，应采取哪一种政策导向，不仅要根据特定国家的经济发达状况，更要依据不同产业的特征而定。例如，对规模经济较小的产业，一般应以增强市场竞争活力为政策导向，保护中小企业积极开展市场竞争，提高经济效率；而对规模经济较显著的产业，则应以追求规模经济为政策导向，鼓励中小企业同大企业形成专业化分工协作关系，以实现规模经济。

四、体育产业布局政策

（1）微观布局。确定基础设施和资源配置情况；确定土地资源利用方向；落实大型体育企业的选址工作。

（2）中观布局。制定区域发展战略；制定产业发展规划；做好产业规划与布局。

（3）宏观布局。制定产业长远发展规划；确定产业发展方向和布局。

作为政府部门及管理人员在规划体育产业布局时还要注意以下三个方面的要求。

（1）着重发展具有一定实力和发展潜力的地区体育产业，为其制定长远的发展规划，结合当地的实际和特色设计科学的产业发展模式。

（2）充分利用政府部门和社会力量加强对发达地区体育产业的投资，加强这些地区的体育公共基础设施建设。

（3）实行具有差别性的地区体育产业政策，引导社会资金的合理流动，建立健康的体育产业市场运行体系。

五、体育产业技术政策

在体育产业发展的过程中，产品创新与技术创新是非常重要的两个方面。其中,产业技术创新最为重要。在产业技术创新方面,发达国家做的工作非常好,这一点值得我们参考和借鉴。为保证体育企业在产业技术领域始终处于领先地位,除了加强技术创新外,政府部门还要根据具体实际制定有利于体育产业技术创新的政策,这能为体育产业市场的构建与发展提供良好的保障。

六、体育产业全球化政策

随着竞技体育的高度发展,体育产业化发展已成为大势所趋。各个国家为了促使本国的体育产业获得快速健康的发展,纷纷采取了全球化发展的策略。这一策略可以说是符合当今全球一体化的发展背景的。目前,世界各个国家的经济实力差距较大,发达国家普遍拥有强大的经济实力,通常它们的科技水平也较高,因此这些国家能够利用这些优势不断调整自身的发展状况,从而推动本国体育企业的国际化发展。而对于发展中国家或欠发达国家,要想实现体育产业的健康发展,也需要加强与其他国家的交流与合作,走体育产业的全球化发展战略。因此说,体育产业全球化政策是一个符合现代社会发展的产业政策,对于实现体育产业的全球化发展具有重要的作用。

自从我国加入世界贸易组织(WTO)之后,国际贸易壁垒被打破,我国各项产业都面临着极大的机遇和挑战。体育产业作为一个新兴产业也不例外。在当今社会背景下,体育产业要想获得突破,首先就要与时俱进,审时度势,缜密规划,抓住机遇,开发深受人们喜爱的体育产品或服务。我国体育产业的发展要与全球其他国家加强沟通与交流,互通有无,取长补短,逐步缩小我国体育产品与国外发达国家之间的差距,逐步提升自身产品的竞争力和国际影响力。

第三章　体育产业经营管理理论

体育产业经营管理是在我国社会主义市场经济条件下，体育产业部门面向市场，走产业化、商业化发展道路的客观要求。它是在市场经济条件下伴随商品经济的发展而派生出来的一项职能。在体育产业化条件下，经营管理具有更为重要的意义。

第一节　体育产业经营管理概述

一、体育产业经营管理的要素

经营管理是对企业全部生产经营过程及其活动的管理，包括生产、技术、经营以及职工政治思想工作、教育、福利等的全面管理。

体育部门的企业实体和事业实体，为了生存、发展和壮大，必须增强素质和提高能力，特别是要提高适应环境能力和竞争能力，才能在激烈的竞争中获胜。这就要求各个经营实体具备内部要素，即经营六要素。这是搞好经营管理的内部条件。

经营的第一个要素是人，即体育产业的经营管理者和被管理者，二者都是体育产业经营与管理系统中的重要组成部分，对于体育产业活动的顺利开展将起到非常重要的作用。在体育产业经营与管理活动中，人是最为重要的主体，只有在人的主观活动下，体育产业活动才能顺利开展与实施。体育产业管理者必须要具备良好的体育产业知识基础和掌握现代企业管理的方法，管理者素质的好坏，对于能否调动群众积极性，完成各项任务，提高效益，具有决定意义。一般职工应该对自己的工作业务比较熟悉，有一定的实际工作经验，了解所使用设备的性能和构造，能熟练地操作，并经常保持设备完好，提高设备的使用寿命和使用效率。总之，劳动者的体力水平、文化科学水平、思想、政治水平和业务水平，都要同服务工作的现代化水平相适应，如果职工素质较差，必然影响经营质量和服务效果。

经营的第二个要素是产品，这是各种经济实体为群众服务及向社会做贡献的主要形式。这里的产品包括实物、劳务及精神产品。实物产品包括运动器材、服装、饮料及各种食品；劳务包括为运动训练、竞赛、表演及体育场馆向群众开放等活动提供良好的服务；精神产品包括运动员以运动竞赛和表演活动等形式给观众提供的享受资料，也包括体育知识宣传，电视实况转播，赛场规章制度的建立与宣传，以及举办各种学习班所提供的技术和知识等。各种产品的数量和质量，都要有计划指标，定期检查、监督和落实。为了生产更多更好的符合社会需要的产品，除了加强市场调查，掌握最新信息外，还要实行严格的奖惩制度，实行劳动成果同经济利益挂钩。

经营的第三个要素是物资，包括原材料、辅助材料及能源等。这是生产体育产品特别是物质产品的基础性条件。确定经营项目首先要考虑原材料来源，尽可能地接近原材料产地，同时还要使产品尽量接近市场，避免社会劳动的浪费。

经营的第四个要素是器材设备，包括适应各种比赛项目需要的设备，以及生产用的厂房、机器设备、工具、仪器仪表等。器材设备应当适用、先进，从财力实际出发，逐步现代化。器材设备应有专人负责保管，保持完好率。

经营的第五个要素是资金，体育资金的来源，一是国家拨款，二是社会赞助，三是内部增收节支。资金表现为价值，资金的投放与使用应以效益为原则。因此投放、使用资金不管是生产物质产品还是精神产品，只要是商品，都要体现使用价值和商用价值的统一，社会效益和经济效益的统一，在提高效益的基础上，尽量节约使用资金。

经营的第六个要素是信息。信息，主要是市场信息。所谓市场信息，就是在市场上发生的或与市场有关的各种信息、情报的总称。市场信息包括供需信息、价格信息、新产品开发信息、新技术采用信息、党和政府提出的各项政策和规定的信息等。信息是资源也是财富，掌握了最新信息也就掌握了生产经营的主动权、产品销售的主动权和市场竞争的主动权。经营之道，说到底是信息之道。信息来源是多方面的，其主要渠道是：党和国家机关、上级主管部门、商业部门、消费者和用户、市场研究所和市场咨询机构等。

二、体育产业经营构成与类型

体育设施服务与经营形态，主要是社会健康体育设施。随着我国老龄社会的提前到来和人们价值观念的快速转变，健康体育已经作为一种时尚进入千家万户，并逐步发展成了人们日常生活中的一个不可缺少的组成部分。[①] 人们日益增长的健康体育需求与健康体育设施严重不足的矛盾越来越突出。如何进一步开发健康体育设施内在功能，如何进一步挖掘健康体育设施内在潜力，缓解持续升级的供、需矛盾，即如何提高健康体育设施经营效率，满足人们一直上升的健康体育需求，已经超出了健康体育领域单纯依靠自身力量能够解决的范畴，引起了我国经济、服务、商业、福利等许多不同领域的共同关注，成了经济学、产业学、社会学家们高度重视的一个热点研究课题。[②]

（一）体育设施的服务构成

1. 健康体育活动的主要条件

研究健康体育设施中的服务构成，必须首先弄清人们进行健康体育活动时，应该具备哪些主要条件。我们知道，人们在进行健康体育活动时，必须要有健康体育活动需要的设备设施和健康体育活动需要的用品，必须要理解什么是健康体育活动和如何进行健康体育活动，这应该说是最基本的条件了。如果再有同事、同学、家族成员等志趣相投的好朋友一起参与，无论是谁，都能进行健康体育活动了。这也就是说，如果具备了健康体育活动需要的空间设备设施，了解如何进行健康体育活动的方法、手段等基本知识，再加上好朋友的共同参与，就具备了开展健康体育活动的主要条件。这儿所说的主要条件，即是增强体质、维持机能、促进健康生活发展所必须具备的条件。

因此，完全有理由将这三个主要条件，看作健康体育设施经营中必须具备的三项基本服务。如果从健康体育设施经营提供服务种类的角度进行归纳，提供健康体育活动需要的场地、设施等方面的服务，即是健康体育设施中的空间设施服务；提供健康体育活动日程制定、健康体育处方等方面的服务，即是健康体育设施中的计划处方服务；提供相互交流、培养共同健康体育爱好朋友等方面的服务，即是健康体育设施中的社交环境服务。

当然，站在健康体育设施经营的研究立场，如果只提供上述开展健康体育活动需要的三项基本服务，显然是远远不够的。为了保证健康体育活动消费者或参加者的安全，为了提高健康体育活动质量和效果，还必须配置一定数量的健康体育指导员。为了让健康体育活动消费者或参加者及时了解

① 廖国庆．体育市场营销与奥运分析实务手册 第3卷[M]．合肥：安徽文化音像出版社，2004．
② 李明．体育产业学导论[M]．北京：北京体育大学出版社，2001．

体育和健康体育等方面的发展状况，培养他们的兴趣，调动他们参与健康体育活动、进行健康体育消费的积极性，还必须建立起通畅的外界信息收集渠道和内部信息传达渠道。为了满足他们健康体育以外的需求，还必须考虑增设一些附属设施和增加一些相关服务项目，等等。

所以，健康体育设施服务，是以提供增强体质、维持机能、提供健康体育活动条件为中心的整体活动。因而在考虑健康体育设施服务具体内容的时候，必须建立一种为健康体育消费者或参加者提供全方位服务的整体观念，必须提高服务的针对性。例如针对具有健康体育愿望，但又不知道如何进行健康体育锻炼的人们，就应该主动、及时地为他们提供健康体育方法指导、提供健康体育活动机会等方面的服务，避免他们因“不知”而远离了健康体育。因此，健康体育设施经营，还必须考虑提供什么样的服务更容易得到人们的认可，组织什么样的活动更加接近人们的需求，创造什么样的环境更能被人们接受等方方面面的问题。换言之，健康体育设施服务，既包括告知健康体育方法、指导健康体育技术、讲解健康体育理论、提供健康体育设备设施等主要服务，也包括排除影响健康体育发展各种不利因素，创造便于进行健康体育活动条件，促进健康体育发展的其他各种各样的相关服务、延伸服务。

2. 健康体育设施的基本服务

(1)空间设施服务。

健康体育空间设施服务，是指为增强体质、维持机能、开展健康体育活动，提供场地设备等空间设施方面的服务。目前，对服务所包括的内容有两种不同的观点。以日本为主要代表的一些国外体育经济学家认为，服务应该包括健康体育空间设施的建设维护和单纯提供健康体育活动空间设施两个方面的活动内容。以我国为代表的国内体育经济学家，则大都持单纯提供健康体育活动空间设施服务的观点。从经营学的角度来看，无论怎样界定服务所包括的内容，都应该从健康体育设施的设计、建造开始，将努力设计、建造出能够最大限度地满足健康体育消费者或参加者需求的健康体育设施定为追求的最高目标。例如：健康体育活动消费者或参加者，希望在活动之后能进行桑拿浴、蒸汽浴、保健或康复按摩等，能享受到与他人轻松愉快的交流环境等，能方便地进行购物、娱乐、就餐、住宿等，这些都应该作为健康体育设施经营必须考虑的内容。因此，健康体育设施经营，不仅必须考虑专门设施，还必须考虑附属设施。但是，增加设施的基础是雄厚的经济实力，设施数量的多少直接决定着经济投入的大小。所以，在决策投资之前，必须对健康体育设施的经营对象进行深入细致的研究。20 世纪 90 年代末，日本的部分高校曾刮起了建设以健康为主题，被称为“奢侈”的校园综合体育设施的旋风。从日本高校刮起的这股旋风中，我们应该从中得到启示。

(2)计划处方服务。

健康体育设施中的计划处方服务，是指提供以健康体育活动、增强体质训练、促进个体健康发展为目的制订的活动计划或运动处方等方面的服务。它在健康体育设施以及健康体育的整体经营中一直占有非常重要的地位。现在健康体育设施中的运动计划处方服务，最常用的有测试计划、训练计划、学习计划、休闲计划、比赛计划和宣传计划。

在健康体育设施服务中，测试计划和训练计划经常结合使用，即构成“检测”—“计划制订”—“计划实施”—“效果测定”—“反馈”系统工程的基本要件。这对消费者或参加者坚持单调乏味身体训练的动机激发，有着非常积极的意义。

(3)社交环境服务。

健康体育设施中的社交环境服务，是指提供相互交流沟通、培养志趣相投的共同参与健康体育活动朋友环境等方面的服务。因此，许多国外的体育经济学家、体育社会学家根据俱乐部的基本概念，也将其称为“健康体育设施中的俱乐部服务”。我国健康体育设施中的社交环境服务，由于健康体育设施，特别是商业经营性质的健康体育设施，因收费较高和经营者的经营意识不强，对社交环境服务重视程度不够等，使原来已经供不应求的健康体育设施更增强了封闭性。因此，在社会各个领域中，健康体育设施产业至今还未形成参与行业市场竞争的态势和力量，对未成为会员人(将来可能成为会员或经过努力可能成为会员人)的影响力还相对较小。其结果是形成了目前这种健康体育设施数量和健康体育设施消费者两个方面不足的尴尬局面，其实质是限制了我国健康体育设施规模和健康体育设施经营的发展进程。① 因此，如何面向全社会加大健康体育设施的开放性和开放力度，是直接关系到健康体育设施产业生存发展，也是关系到终身体育目标能否顺利实现的重大研究课题。

3. 健康体育设施的相关服务

健康体育设施的相关服务，主要包括两个方面内容。

(1)以健康体育为支撑，以健康体育设施为依托，提供宣传企业产品，提高企业知名度等方面的服务。例如提供企业悬挂广告牌、广告画的位置等。

---

① 纪康宝．体育俱乐部市场化运作与现代化管理实务手册 上[M]．长春：吉林电子出版社，2003.

这时的健康体育设施只是一个载体、一个被利用的工具。企业宣传什么由企业自己决策，企业通过宣传能否达到自己预期的目的由企业自己判断，企业的产品、形象等方面的广告内容也不一定与健康体育有什么必然的联系。设施服务只提供宣传空间和审核宣传内容是否健康等监督方面的职能，基本不参与企业策划及具体操作过程。

(2)提高健康体育设施基本服务效率等方面的服务。这是健康体育设施经营中必不可少的组成部分之一，可以借助各大报纸、电台、电视台、互联网等新闻媒体，组织网络会员，开设各种体育讲座、进行健康体育指导等新会员培养活动。与周边单位，特别与社区建立起良好关系，努力争取进入社区发展的整体规划之中，参与社区经济建设，形成社区的健康体育文化等。这类影响健康体育设施产业生存发展的服务多种多样，关键是能否把握时机，能否尽量以最小的投入换取最大的效果，即能否赢得更多的健康体育消费者和参加者(会员)。另外，在吸引新会员和保证会员的稳定性方面，开展入场券打折、赠送小礼品或纪念品、赠送健康体育用品采购券等带有回报社会性质和经济补偿性质、经济返还性质方面的活动，也是健康体育设施经营中绝对不容忽视的重要环节。再就是举办提高指导员能力、素质的研讨会、讲座，选派有特殊贡献的指导员外出进修等类似活动，都是直接影响健康体育产业经营发展的重要因素，都必须慎重考虑，认真落实。

(二)体育设施经营类型

自 1984 年尤伯罗斯先生运用商业手段成功地举办了美国洛杉矶奥运会以来，“体育与经营”一下子成了全世界共同关心的最热门的话题，体育产业经营、体育设施经营、体育服装经营、体育器材经营、职业体育经营、健康体育经营、休闲体育经营等，至今仍然是报纸、杂志、广播、电视等各大新闻媒体中出现频率最高的名词之一。我国体育领域是在经济体制改革大潮的推动下，从系统内部“经营创收活动”起步，开始涉足经营、探索产业化发展道路的。只是人们所有关注的目光和全部的热情，几乎都集中在了轰轰烈烈的竞技体育的职业化改革方面，因而使健康体育改革长期处于一种不冷不热的境地。[①] 直到 20 世纪末，随着人们健康体育需求不断增大和健康体育设施数量严重不足及矛盾的日益尖锐，人们才又重新注意到了健康体育设施的经营问题。基于这样的背景，下面对健康体育设施经营中的空间设

① 尚东．体育事业管理百科 第 3 卷[M]．长春：吉林音像出版社，2003.

施、俱乐部、学习班和这三种形态结合的四种主要经营形态,进行初步的理论探讨。

1. 体育产业与健康体育俱乐部

俱乐部经营,一般是指以会费作为主要经济来源的会员制经营(一般健康体育俱乐部要求会员的会费收入应该达到俱乐部总收入的 70%左右)。我国的健康体育俱乐部,现在有长期、中期、短期、临时四种主要会员资格制度。其基本特征是会员会费和消费费用的统一性和提前性,即先交钱后消费、会员会费与消费费用等。再就是西方国家 20 世纪三四十年代曾流行一时的“有闲阶层”俱乐部会员资格制度,经改良后最近也传入了我国沿海等少数经济发达地区。其基本特征是社会效益的经济化和会员资格的社会化,会员的个体消费质量直接决定着俱乐部经营的整体经济效益。取得这种俱乐部的会员资格,除了必须具有一定的经济实力以外,还必须具有一定的社会地位、政治地位等方面的附加条件。这时的会员资格,已经远远超出了“会员”的原意,成了社会地位、经济地位、政治地位的一种象征。

因此,从上述角度分析,健康体育俱乐部的运作形式已经渗透了商业气息,成了商业经营的一种代名词。轻松愉快的社交功能往往取代了应有的健康体育本质功能,不知不觉中健康体育俱乐部成了人们的社交场所,而不是健康体育场所了。所以,通过少数亲密无间朋友的欢聚,经营者们往往看到的只是享受服务的形态和通过交流获得的快乐,因过分夸大了“俱乐部”的功能,而忽略了“健康体育”的功能。所以,处理好两者间的关系,把握分寸,控制火候,是健康体育俱乐部经营成功与否的关键。

2. 体育产业与健康体育学习班

(1)功能与作用。健康体育学习班经营,是会员制经营中的一种特殊形式。从特定的学员中收取一定的费用,是维持学习班正常运转的主要经济来源。成为学习班学员的健康体育消费者,有权要求得到预定内容的学习指导和参加各种预定活动的机会。因此,健康体育学习班的经营中心是课程。它通过快乐的课堂教学,帮助人们学习健康体育运动的方法、规则,掌握健康体育运动的技术、技巧,从而起到以下作用。

①终身体育的作用。通过学习班的学习,不仅能够轻松愉快地掌握健康体育运动的技术、技巧、规则、方法等,还能够结识许多有着共同健康体育爱好的新朋友。因而无论从哪个角度理解,健康体育学习班对加速健康体育进入人们的日常生活,促进“体育生活、健康生活”的形成,从而实现终身

体育的最高目标都有着非常积极的意义。

②补充社会系统功能的作用。例如：我国现在近十万名具有技术等级称号的社会体育指导员中，由各种各样体育学习班培养的指导员占到了50%左右，这还不包括申报技术等级称号时必须参加的学习班人数。他们在推动我国社会体育的发展中做出了不可磨灭的功勋。所以健康体育学习班是培养社会需要的各种健康体育人才的一个重要途径，在社会系统中占有不可取代的重要位置。

潜水、武术、球类运动、健身体操等技术的学习和掌握，大都被当作学习班的主要目的在运作。因而在单体经营为主的游泳、网球等技术性较强的项目学习班，学习内容既可以作为综合学习的中心，也可以作为经营的中心，还可以作为保持健康体育状态的一种商品。所以，如果换个角度考虑学习班的经营问题，组织“成人病预防”“终身体育方法”“体重控制”等各种各样的“问题学习班”或“专题学习班”，也应该是健康体育设施经营的一个重要手段。

(2)思考与建议。健康体育学习班经营，提供的是以学习内容为中心的计划服务或课程服务。因此，健康体育设施必须考虑如何增强和利用自身具备的功能，为保证学习计划完成、取得理想效果服务的问题；必须考虑如何创造便于交流、增进友情的学习环境问题；必须考虑如何使学习班的内部活动形式和指导方法更加宽松、更加自由、更加生动活泼的问题。①

学习班的基本特点是时限性，学习时间有着严格的规定。预定的时间到了，这期学习班就结束了，学员们作为消费者的角色也就改变了。因此，健康体育学习班经营的关键是如何补充新学员，充分保证生源的问题。健康体育学习班经营，在老龄社会提前来临的今天，必须考虑如何扩大经营对象的问题，必须考虑如何将健康体育学习班的经营形态作为功能来扩大的问题。这在终身体育中将起到非常重要的作用。

3. 体育产业与健康体育空间设施

健康体育设施中的空间设施经营，一般是指将不特定的健康体育消费者作为对象，提供健康体育活动场所，从而收取相应费用(设施使用)的经营。因此，健康体育空间设施经营中的体育服务，应该将体育设施的配备、检查等安全保证方面的问题，作为经营的基础。将如何提高健康体育活动的乐趣，创造健康体育拓展、延伸功能的发挥环境等，作为经营的预期效果。

① 张成．体育产业开发、投资、运营管理与体育项目可行性研究及经济评价手册 第1卷[M]．合肥：安徽文化音像出版社，2003.

当然，为了吸引更多的健康体育消费者，还应该将方便消费者利用的联络手段配置列入经营构成的内容。在经济发达的西方国家，健康体育空间设施经营的主要场所是保龄球场、高尔夫球场等。

我国的健康体育空间设施经营与西方国家不同，换个角度完全可以将其看作“体育生活、健康生活”和终身体育的基础。因而看似简单的运作形式中包含了直接关系到人类自身生存发展质量和提高全体国民体质的重要因素。所以，我国的健康体育空间设施经营，虽然主要经营对象是不特定的健康体育消费者，但作为健康体育的经营主体，既要考虑提高经济效益，更要考虑提高社会效益。因而必须将设施的经营对象扩大到社会团体，必须根据不同年龄层次健康体育消费者的需求，努力从制度上保证每一位健康体育消费者都能方便地、自由地利用健康体育设备、设施。

4.“复合型”经营类型

健康体育设施中的复合型经营，是补充健康体育设施中的俱乐部、学习班、空间设施等各个单体分别独立经营不足的一种主要形态。它采用的是商业经营中最常见的方法，将各个不同的俱乐部、学习班、空间设施等组合为一个经营整体。这种经营形态，虽然经营方法比较复杂，经营难度比较大，但它可以提高设施的经营效率，降低成本，节省开支，确保稳定的经济效益。

健康体育设施的“复合型”经营形态，并不是说“复合型”只能由“空间设施、学习班、俱乐部”这三种经营形态构成，而是告诉大家一种最基本的复合方法，随着健康体育设施产业的发展，它可能还会有更多的形态加入，从而形成一个更利于经营、更加经济、更加实用、更能发挥效率的新的整体形态。

第二节　体育产业经营管理的理念与原理

一、体育产业市场经营管理的理念

（一）目标管理

在体育产业发展的不同阶段，体育企业的管理人员都应根据实际情况制定合理的目标，这需要注意以下两个方面。

一方面，要依据企业实际情况制定合理的发展规划和目标，并将这一规划和目标传递给下属，让他们牢记于心，朝着发展目标而努力。

另一方面，制定的目标要客观和具体，使各层次目标逐步实现，这样才有利于实现企业总体效益。

另外，体育产业经营管理者在制定目标时还要充分考虑本企业员工的积极性，要采取各种手段与措施激发员工的兴趣，促使其主动参与到体育产业的管理活动中。

（二）知识管理

知识管理是指对各类人才、各种技术资料、各种信息等各种要素的管理。目前知识管理已成为当今各行业管理的重要内容。

在体育企业经营与管理体系中，知识管理也是重要的组成部分。体育企业要想获得进一步发展，就必须要进一步提升企业管理人员的核心能力，企业管理人员核心能力的获取可以说是一个动态发展的过程，贯穿于体育企业发展的始终。在企业管理人员的核心能力中，知识结构是非常重要的内容，加强企业员工这一方面的管理对于体育企业的发展具有重要的意义。

综上所述，知识管理在体育企业经营管理中占据着非常重要的地位，涉及人、财、物以及生产流程、经营行为和营销系统等各个方面的要素，为此体育企业要引起高度重视。

（三）制度管理

人是推动事物发展的重要力量，21 世纪最重要的是人才。在体育企业发展的过程中，人才也扮演着十分重要的角色。而在体育企业人才的管理中，制度管理是必不可少的内容，良好的体育企业制度是实现人才管理目标的重要保障。

为保证体育企业获得持续健康的发展，企业领导层及管理人员要做好选人、用人的工作，要制定各种优惠政策引进高素质的人才，从而为体育企业的发展保驾护航。

（四）非平衡管理

以往，我国大多数的体育事业采用的都是平衡管理的方式，追求企业的和谐平稳发展。但实际情况是，体育企业一旦进入“平衡”发展阶段，就难免出现效率低下、不便于管理等问题。因此，适当地采取不平衡管理的方式还是非常有效果的。

体育企业非平衡的管理，主要是强调体育企业要以发展和动态的眼光看问题，利用一切可以利用的措施和手段加强体育企业的产品创新或技术创新，从而促进体育企业的健康持续发展。

二、体育产业市场经营管理的原理

（一）人本原理

人是体育产业市场的主体，在其中扮演着十分重要的角色。因此要贯彻"以人为主"的基本理念（即人本原理），充分调动人的主观能动性，进而推动体育产业市场的建设与发展。

人本原理强调人在体育产业管理中的重要性，体育企业中的各类人才，既是管理的主体，也是管理的客体，在产业管理中，要不断完善人的个性，激发人的能动性，只有人才受到重视获得发展了，体育企业才能获得更好的发展。

在体育企业发展中，我们要始终贯彻人本原理，在这一原理的指导下开展体育企业的各种活动。需要注意的是，在开展企业活动的过程中要遵守动力原则。人们做任何事情都有一定的行为动机，动机的产生需要内部或者外部的刺激，也就是说人们的一切活动都需要一定的动力支持。

（1）物质动力：主要是通过物质奖励调动员工工作的积极性。① 一般来说，这些物质奖励主要包括工资、奖金、福利等多方面的内容。这些都能给员工带来极大的实惠，因此利用物质动力来提高员工的积极性非常有效。

（2）精神动力：在体育企业经营管理的过程中，激发企业员工的积极性是非常重要的。体育企业一定要为企业员工创造良好的精神动力，利用良好的精神动力这一手段能有效弥补物质动力的不足，从而推动体育产业的进一步发展。

（3）信息动力：良好的信息交流是体育企业工作顺利开展的重要保障，因此体育企业一定要做好企业内部之间的信息沟通与交流。

（二）系统原理

体育企业可以说是一个大而复杂的系统，系统内元素众多，这些元素都

---

① 喻丙梅．现代体育产业的优化管理研究[M]．北京：中国水利水电出版社，2018.

是处于不断的动态发展之中的，因此构建一个合理、健全的系统对于体育企业的健康发展是非常有利的。也就是说，在体育企业管理中，一定要遵循系统的原理。

在具体的体育企业管理过程中，管理者要学会运用系统的原理去分析管理对象，学会优化组合系统内的各种要素，以实现体育企业管理效率和效益的最大化。

作为体育企业的管理人员，一定要很好地把握系统原理这一规律，在管理的过程中遵循系统原理的指导，应重点贯彻以下几个基本原则。

1. 整分合原则

这一原则要求体育企业管理者细致入微地分析整个工作的过程，将整体分解为一个个基本要素，然后进行明确的分工，建立责任制，责任到人，最后实现“整—分—合”的目标。贯彻这一原则需要注意以下几点。

(1)在体育企业部门管理的过程中，要充分抓住分解这一关键要素。只有分解正确，分工才能合理，如果不善于分解，企业管理人员就无法抓住重点和关键，不利于后续工作的展开。

(2)分工与协作充分结合。在体育企业管理工作中，分工固然重要，但这不是最终的目的，要使体育企业内部各环节同步协调，提高工作效率。在具体的工作中，要做好分工与协作的密切结合，发动集体的力量去实现工作任务和目标。

(3)明确分解对象。明确分解对象是指，在具体的体育企业管理中，要做到人、财、物等要素的统一，不能将这些要素割裂开来，否则就会影响管理工作的顺利开展。

2. 优化组合原则

在具体的体育企业管理中，管理者要根据员工的实际情况做好系统的分工，分工要有一定的标准，要根据员工的能力，按照能级对应的原则划分工作范围，以实现系统的最佳效益。

(1)重视目标优化组合。体育企业管理人员要充分发挥自身的聪明才智，制定合理的目标并进行良好的整合和优化，这样有利于目标的实现。

(2)强调组织优化组合。体育企业优化组合的效果主要受管理者素质、能力、知识水平等方面的限制和影响，这些因素都决定着体育企业组织的管理层次、人员数量，因此一定要重视这一方面。

(3)促进人才优化组合。在体育企业员工的管理中，要本着优化组合的基本原则，做到人尽其才，实现人才的合理搭配。合理的人才搭配能很好地控制用人成本，确保各项企业工作的顺利开展。合理的人才搭配应该是既有高、中、低人才的配合，又有各种特长人才的配合，在这样的互动关系下实现整体效应。

(4)保证环境优化组合。在体育企业管理中，整个管理的环境主要由管理者、被管理者和管理环境三个要素组成。管理人员要采取合理的手段与措施做好这几项要素的管理，实现良好的管理效益。

(三)竞争原理

要想提高体育企业的管理效益，实现健康持续的发展，就必须要建立一个良好的竞争机制。在这一竞争机制下，企业员工能充分激发自己的工作热情，以饱满的精神投入工作之中。另外，一个良性的竞争还能增强团队的凝聚力，提升团队的实力，从而最终实现体育企业管理效益的最大化。需要注意的是，体育企业在运用竞争原理时需要注意以下几点要求。

(1)竞争的标准和条件要保持一致。竞争的主要目的在于保持发展的活力，增进企业内部人员之间的友谊，培养企业员工团结合作的集体主义精神。这一方面的能力对于企业员工而言也是十分重要的。需要注意的是，要想实现企业间或者企业内部人员的良性竞争，就需要制定相应的规章制度，所有的人员都要在规章制度的范围内行事，否则就要受到一定的惩罚。

(2)评价或制裁要公平、公正。建立一个科学合理的评价体系对于体育企业的管理具有重要的意义，在科学的评价体系下，企业员工的工作效率、工作态度等都能被检测和评价，从而能帮助体育企业管理人员更好地组织与管理企业活动。需要注意的是，制定的评价要公平、公正、合理。

(3)防止投机取巧、不正之风。体育企业的管理要做到依法办事，保证公信度，在公平的竞争条件下去发展。可以说，树立竞争意识，是推动体育企业快速健康发展的动力，但需要注意的是，这些竞争手段并非最终目的，最终目的是实现企业管理效益，获得健康发展。

(四)责任原理

责任原理是指企业为了实现经营管理的最大效益，在合理分工的基础上明确每个部门及人员所承担的责任和义务。贯彻责任原理，体育企业管理者需要做到以下几个方面的要求。

(1)明确职责。体育产业经营管理的过程非常复杂，包括各方面的工作内容，因此一定要做好必要的分工，并且明确各个员工的具体职责。

(2)合理授权。体育企业管理人员要授予员工相应的权力,要与具体实际相结合,不能过度授权,否则就会造成职权的滥用,这非常不利于体育企业管理工作的顺利开展。

(3)奖惩分明。对于体育产业系统来说,奖罚分明的管理方式有利于调动员工工作的积极性,提高工作效率,保证及时、高效地完成工作任务和目标。因此可以说,奖惩分明是一种很好的企业员工管理的方式。

(4)责任管理制度健全规范。体育企业管理人员要根据企业实际情况制定一个合理的目标,所有的员工都要相互合作,共同推动体育企业向前发展。而要想统一目标,实现共同发展,体育企业管理人员还需要构建一个健全和完善的管理体系,明确每一名员工的职责,共同努力实现预期的目标。

(五)动态原理

体育企业是一个大而复杂的系统。其中包含诸多方面的要素,这些要素是始终处于不断地发展和变化中的,除此之外,体育市场外部环境也会发生变化,因此体育企业管理者要把握动态发展的基本原理,推动体育企业不断向前发展。

(1)合理运用反馈机制。大量的实践表明,只有通过不断的信息反馈,才能帮助管理者认清发展中存在的问题,然后采取针对性的措施和手段加以解决,从而实现既定的管理目标。在体育企业经营管理的过程中,可以充分利用反馈方法来控制整个产业系统,从而促进体育产业的发展。

(2)反馈与控制相结合。在体育企业管理的过程中,管理者不仅要利用好各种反馈手段进行管理,同时还要加强系统的控制,总之就是要反馈与控制共同发挥作用,从而实现管理的效益和目标。

(3)保持经营管理的弹性。在体育企业发展的过程中,难免存在一些不确定因素,针对这一情况,体育企业的管理者要制定一个弹性制度。根据外部环境的发展和变化采取针对性的措施和手段开展管理活动,这就是弹性原则。

体育产业的经营与管理受各种因素的影响,如果在开展活动的过程中保持一定的弹性,那么就能很好地应对市场各种突发事件,但是在这样的情况下,体育企业经营管理的原则性较差。因此,体育企业管理人员要把握好管理的弹性,根据企业的具体实际管理好所有的工作人员,保证体育企业的各项活动有条不紊地开展。

第三节　体育产业经营管理的环境

一、外部环境

（一）环境研究的目的和任务

(1)外部环境研究的目的。环境,泛指周围的情况和条件。外部环境研究的目的,是掌握企业周围的情况、条件和其他因素发展变化的规律及其发展趋势,以便做到“知彼”“知势”“知时空”,为经营管理服务。

(2)外部环境研究的任务。研究目的和研究任务是相互联系的。外部环境研究的任务,在于对环境各种因素的过去情况、现在形势和发展趋势开展系统的分析和研究,掌握发展变化的规律,提出对策,供经营决策者参考。其具体任务是:

①为决策者提供最新信息,保证经营决策的正确性。正确的决策,依靠正确的预测,而正确预测的基础是信息。只有获得最新信息,才有科学地预测和正确地决策。

②全面掌握外部环境有关因素的变化趋势,保证经营决策的针对性及有效性。客观环境有关因素之间是交错相关的,任何一个因素的变化都将对其他因素及经营决策产生影响,因此,只有对环境有关因素进行综合的、全面的分析,才能掌握因素发展变化的规律及特点,保证经营决策的针对性及有效性。

③系统掌握外部环境因素的变化,增强适应性。经营实体作为相对独立的商品生产者和经营者,必然要与外部环境进行信息、物资及能量交换,这就有一个适应和协调的问题。至于如何去进行经营方面的预测和决策,对体育部门来说,尚缺乏经验,因此,就更有必要调查市场,研究市场,预测市场的供需变化及其发展趋势,以便建立目标市场与市场目标,增强与外部环境的适应性和协调性。

（二）外部环境因素的基本内容

外部环境是由多种因素组合的,是企业在经营活动过程中不能回避的。这些外部环境因素可以分为以下几个方面。

(1)体制环境。包括国民经济体制和体育管理体制两方面的因素。国民经济体制是单一的市场经济体制;体育管理体制则是多元化的,有集中型、结合型和分散型的体制。多元化体制,使企业在多元目标间移动,使体育事业目标、经营利润目标、职工收入目标并存,而企业在行为过程中就难免在多元化目标间移动。而在不同目标下的企业行为往往不相协调,甚至抵触。例如,在事业目标下,上级主管部门将更多地采用计划调控手段,而企业的经营行为又将更多地偏向利润,从而产生社会效益和经济效益之间的矛盾。又如,在职工收入目标下,企业的分配行为将偏向消费;而在企业成长目标下,企业的分配行为将偏向积累,使消费和积累存在着矛盾。我国体育部门的企业(包括事业实体)还比较弱小,经济实力还不雄厚,市场体系尚未形成,市场竞争能力较弱,自我生存、自我发展还将有一个过程,还需要进行配套改革,国家应给予一定的支持。否则,体育企业难以生存和发展。

(2)政策环境。经济政策因素对企业活力的影响表现如下。

①对国有企业的政策束缚偏紧,与其他经济成分的企业相比,没有做到一视同仁,非国有企业在采购、生产、销售和分配环节都有灵活的手段,或者没有严格的政策限制,或者政策执行的不严格,也少有追究。而国有企业在每一个环节都有严格的政策限制。国有企业和非国有企业被置于不同的政策性起跑线上。

②政策不协调、不配套。价格政策、财税政策、金融政策、优惠政策,各地不协调、不配套。在对待承包企业的利润分配问题上,主管部门强调企业多留利,财政部门则强调企业多上缴,银行主张把更多的利润优先用于贷款,仲裁部门难以发挥作用。在优惠政策上各地区也不一样,有的给优惠,有的不给优惠,政策不统一。

③政策不稳定、多变。企业对自己的经营前景没有稳定的预期,在有关的行为上也就更多地考虑眼前利益。税收政策、信贷政策经常在变。近几年虽然注重了政策的连续性和稳定性,但仍然存在着“明着不变,暗着变;暗着不变,感觉变”。这使企业对政策的变化非常敏感,即使不变,也有变的感觉。在企业的决策过程中,政策变化已经成为影响因素之一了。

(3)市场环境。体育正在走向市场,因而市场环境状况对企业活力会产生显著影响。一个有利于企业经营的市场环境,可以塑造企业良好的行为习惯和行为模式,使企业按照市场规则重塑自身的行为模式,向着正确、合理的行为方向靠近,这是企业具有长久活力的行为保证。但是,我国现有的市场环境还存在着许多不利于企业建立良好的行为模式从而具有长久活力的因素。首先,从市场总体格局来看,体育市场体系尚未形成,竞争机制对企业行为的制约作用还是有限的,企业的紧迫感、危机感仍然不足。其次,市场交易中的不正常关系影响企业保持长久活力。例如,采购员与推销员之间的不正常关系,企业之间的不正常交易关系。最后,体育市场的发展受经济制约十分明显,各地区经济发展不平衡,市场发展也不平衡,这在一定程度上影响着企业的长久活力。

(4)法制等方面的非经济环境。一些有关企业经营的法律、法规因各方面的社会条件很不完善、建立起来的也难以付诸实施,企业行为缺乏法律依据和法律约束。例如,《体育法》至今未出台,《破产法》虽然颁布,一些经营不善的企业并未依法破产。

(5)时间因素。余暇时间是劳动者进行体育活动最重要的条件之一。劳动者所占有的时间以及余暇时间安排的结构是由生产力发展的水平、社会经济制度的性质、生活的自然气候条件、各民族的风俗习惯等制约的。具体占有多少时间以及时间的安排还取决于性别、年龄、教育和职业等。

劳动之外的时间是劳动者一天、一周、一年中的全部工作时间扣除后所剩下的时间,包括每天的非劳动时间,及非工作日、节假日的总数。

在人们一天、一周、一年时间里,非劳动时间要比劳动时间多得多,大约占 70%~75%。同时,随着劳动时间的缩短,非劳动时间还将有所增加。非劳动时间是较零散的,它包括以下四个部分:①家庭到工作地点的往返时间;②满足饮食、睡眠、个人卫生等生理需要的时间;③家务劳动时间;④闲暇时间。

我国城镇居民能够用来进行体育锻炼的时间很少,这是因为我国采用 8 小时工作制,人们的闲暇时间很少,人们要把有限的业余时间用于采购、做家务、教育子女和业务学习。只有节假日才能满足自己的业余爱好。这种客观条件,决定了人们用于体育锻炼的时间大大少于一般发达国家的居民。

我国虽然人均用于体育锻炼的时间很少,但群众的体育锻炼需求量仍然很大。在农村,农民的体育锻炼时间依季节而定,每逢重大节日许多地方也组织一些传统的和民族的体育活动,如每逢端午节所举行的龙舟竞赛,春节期间的舞狮子、耍龙灯活动。武术在农村也较为流行。在一些经济发达地区,农村的体育锻炼需求已有猛增的势头。可以预料,随着我国经济发展水平的提高,将会逐步节约工作时间和家务劳动时间,而用以实现人的全面发展的自由时间将会逐渐增多,这就将进一步促进体育事业的发展,为体育的经营管理创造更好的外部环境。

(6)社会因素。社会是指由一定的经济基础和上层建筑构成的整体,也泛指同物质条件相联系的人群。从体育经营角度分析,社会因素一般包括以下几个方面。

①社会体育意识。即对体育在国民经济中地位和作用的认识,以及体育消费意识等。

②体育社会化。即体育为整个社会提供服务,整个社会需要体育。

③社会办体育。它是指社会群体及个人,利用自筹资金办体育,或者利用广告形式赞助体育,或者对场馆建设和大型运动竞赛进行捐赠。

④体育道德行为。它包括尊重观众、尊重对手、遵守规则等。

(7)心理因素。心理,是心理过程和个性心理特征的总称,包括思维、情感、意志、兴趣、性格、能力等。这些都是经营管理所必须重视的。与体育经营管理有关的心理因素如下。

①社会方面的心理因素。它包括社会心理、家庭心理、群体心理、个人心理等。

②不同年龄层次的心理因素。包括儿童心理、青年人心理、老年人心理等。

③与经营有关的心理。职工精神因素心理、相互协调心理、盈亏心理、物质享受心理等。

④商业心理及消费心理。消费者购置心理、商品价格心理、广告心理,以及商品命名、商标、包装装潢心理等。

除应当对上面分析的因素进行研究外,对党和政府在不同时期所制定的路线、方针、政策及其具体措施,也必须进行研究。为了在市场竞争中占据主动,还需要开展动向研究,如体育消费及消费结构的变化,群众体育意识及体育价值观念的变化,都要及时研究和掌握动向,只有这样才能进行科学预测和决策。

二、内部条件

(一)内部条件分析的目的和任务

1. 内部条件分析的目的

内部条件是指企业(事业实体)赖以生存和发展壮大的内部诸因素及其状况、发展趋势,其中最主要的是转换经营机制。开展内部条件分析,就是用辩证唯物主义和系统论的方法,对服务和经营、生存和发展的内部条件诸因素进行全面的分析和研究,掌握其经营素质、能力、优势、特点,结合外部环境的变化,按照经营目标的要求,采取相应的对策,增强内部要件,以最小的投入获得最大的产出。

2. 内部条件分析的任务

提升包括劳动者、劳动对象和劳动资料三方面的素质，并对素质进行测定、分析、评价，通过与其他经营单位进行对比，找出优势、劣势、差距，采取有效措施，不断提高经营素质及能力。

（二）内部条件分析的内容

体育部门各经营单位，必须在努力改变外部环境的同时，把重点放在转换企业经营机制上。

1. 经济机制与经营机制

经济机制是指社会经济中有机结合着的各个组成部分和环节，它是保证社会经济正常运行的重要形式。我们通常所说的市场机制、经营机制、竞争机制等都属于经济机制的内容。它们的具体内容和特点是由经济体制的性质决定的。经济机制的内在功能包括动力功能和协调功能。前者主要着眼于物质利益，后者则主要着眼于社会效益。

在体育企业的经营与管理中，经营机制的内容主要是由动力机能、自我调节机能、自我制约机能、吸收应用和发展技术等机能相互联系在一起的。转换企业经营机制的目的，就是要把企业办成自主经营、自负盈亏、面向市场的经济实体，企业通过平等竞争，优胜劣汰，优化结构，提高效益，不断满足人们的需要。

2. 转换企业经营机制的障碍

当前，企业转换经营机制遇到障碍，一些重要的自主权不能落实，对企业转换经营机制在认识上存在着片面性。企业转换经营机制是一项系统工程，不能只强调落实企业自主权而忽略其他方面的改革。如不明确独立核算、自负盈亏责任，自主权就不能落实到企业；企业的法人地位不确立，自主权也不能落实到企业；而政府职能不转变，政企职责不分，企业权利不落实，也不可能承担盈亏责任。企业如果只负盈不负亏，就不能成为真正的经济实体，转换经营机制也不能落到实处。因此不能仅仅围绕“放松”做文章，政企不分、政事不分、政资不分才是企业经营机制难以转换的根本原因。

3. 转换企业经营机制的途径

转换企业经营机制应从以下几方面着手。

(1)实行分类指导。体育部门的企业由于物质、地位和技术特点不同，应当采取分类指导的原则，既不要求所有企业采取同一途径，也不要求同时完成经营机制的转换。对有些企业应坚持国有国营，对另一些企业可采取国有民营。对刚刚从体委分离出来的事业实体，按其发展情况，逐步转换经营机制，不急于独立核算，自负盈亏。在过渡期内，国家在经费上应给予相应的支持。对有些事业实体如体育场馆，可实行承包、租赁、出售等方式。

(2)企业负责人要提高素质，加强管理。转换经营机制后，重要的自主权落实到企业。企业负责人要提高领导水平和业务素质，只有运用这些权利正确决策，加强管理，提高质量，开发新技术，才能在激烈的市场竞争中取胜。

(3)制订政企(政事)职责分开的“条例”，对政府行为加以约束，在转换企业经营机制的同时，加快政企、政事分开和政府职能转变的步伐。

三、内外协调发展

内外协调发展，是指外部环境、内部条件与经营目标三者的协调发展，也就是企业的经营决策、战略、方针及计划要与外部环境的变化相协调，并在内外协调中求生存、求发展。协调是动态的、相对的。只有在动态中求协调，才能提高“两个效益”。

外部环境、内部条件和经营目标的变化，必然要引起经营项目和经营重点的变化，这就要求采取新的经营决策加以解决。经营决策的具体内容是：事业指标决策、服务方向与服务质量决策、经营方向与产品决策、产品销售与市场开拓决策、资金筹措与投资方向决策、物资供应与采购决策、成本控制与物资消耗决策、效益决策、目标利润决策、横向联合决策、市场预测决策等。

决策是否正确，是企业外部环境、内部条件和经营目标能否协调发展的关键因素。决策，不是一次就算完结，而是要在动态中不断进行新的决策。

第四节　体育产业经营管理的策略

20 世纪 70 年代左右，经营思想开始全面导入体育领域。最早体现经营思想的是欧洲发展全民体育政策中的“为了体育的经营”。经过不到 30 年的实践，而今经营思想已经基本实现了全球化的发展目标。在大型综合性国际体育活动中，最早成功的商业经营是1964年的日本东京奥林匹克运动会，实际营利大约7.5亿日元。最有影响的商业经营是1984年的美国洛杉矶奥林匹克运动会，从此体育活动全面走向了商业化的发展道路。[①]

一、新产品和科技开发战略

新产品开发包括引进新科学技术、开拓新产品、研制新产品、增加新系列和改进产品品种等工作。第十一届亚运会前夕在北京开幕的体育仪器展览，汇集了中外体育厂家、科研单位、大专院校生产的运动器材、健身器材、康夏器材及运动保健器材等新产品，这些新产品琳琅满目，引人入胜，是现代体育科学技术的最新成果，它向我们展现了开发体育产品的光辉前景。我们应当善于运用信息交合原理搞好产品的构思，创造全国、全世界都欢迎的新产品。

要重视科技开发战略，既重视技术引进，又重视技术革新。要重视对引进技术的吸收、融合、提供，做到博采众长，自成一家，善于把科学研究成果转化为生产力，大力发展和推广效果好、见效快的科技成果。要重视开发新技术，重点开发电子技术、信息技术和新型材料等。

二、经营战略

战略一词原是军事术语，是指对战争进行全面分析判断后所作出的筹划和对策。体育部门不但在训练和比赛中经常运用这个词，而且在多种经营活动中，也要研究经营战略。

战略管理实际上是由战略计划发展而来的。国外企业的计划工作大致经历了五个发展阶段，即无计划阶段、预算阶段、年度计划阶段、长期计划阶段和战略计划阶段。虽然战略计划和长期计划所规定的时间都具有长远性，容易被人混为一谈，实际上它们之间有着显著的区别。

战略计划是一种促进经营产生质变的重点计划，提供新服务，推出新产品，开拓新市场，开辟新财源等。战略计划不只是计划做新的事，而且要计划如何去淘汰那些低效的、过时的、陈旧的东西，强制人们开动脑筋并采取行动。长期计划则着眼于做新的事，而较少考虑如何去摆脱昨天羁绊的

① 纪康宝．体育俱乐部市场化运作与现代化管理实务手册 上[M]．长春：吉林电子出版社，2003.

问题。①

经营战略一般分为总战略与分战略，总战略是根据经营环境和经营条件而确定的整体战略目标、行动方向以及达到目标的基本对策。分战略则是为了实现总战略而在经营活动的各个领域和环节上所分别采取的战略。总战略可分为紧缩战略、稳定战略和发展战略三类。当原来的经营项目处于不利地位而又无法改变时，就可采取紧缩战略，逐步收缩甚至退出原有的经营领域另找出路。如果原来的经营项目已取得稳定地位，而内部条件和外部环境又没有发生重大变化时，可采取稳定战略来巩固维持现有状况。如果原有经营项目不但稳定而且取得了一定优势地位时，就可采取发展战略，积极开拓，扩大经营，促进发展。

下面介绍的就是几种适合现代企业采用的发展战略模式。

(1)多角化发展战略。多角化发展战略亦称广度战略，是指充分利用商品、资金、技术、场地、设施的优势，不断向广度发展的一种开拓型战略，这种模式可以分为以下几类：后向型多角化战略，即一体化战略，是指实行产、供、销一体化经营；同心型多角化战略，是指以主营商品为中心，利用主营商品的优势和特长，向外扩张，这种战略可以促进销售，减少风险；混合型多角化战略，是指以一业为主，兼营其他商品的发展战略。体育实体在经营中，应在坚持“以体为主”的同时，兼营文化娱乐、信息咨询、康复医疗、技术培训等。充分利用经营设施、地理位置，以及人、财资源的优势，向顾客提供各种服务，满足他们的多种需要，促进体育商品的销售。

(2)差异经营战略。差异经营战略也称特色战略。这种战略是从商品构成、商品质量、顾客服务等的一个或几个方面发展自己的经营特色。

(3)重点服务战略。这一战略主要针对的是特定的消费者，体育企业依据服务对象的特点为其设计相应的产品或服务，满足他们的个性化需求。如以康复为中心的经营活动就属于这样一种服务战略模式。

① 任天平．体育馆运营升级管理模式的构建[M]．北京：九州出版社，2016．

第四章 体育产业核心层的建设与管理

发展到现在，竞技体育获得了高度化的发展并形成了一定的产业集群，其在国民经济中的地位也越来越高。在众多的体育产业中，一些体育产业依靠得天独厚的优势先行获得了快速的发展，并逐渐成为体育产业市场的核心内容，如体育场馆业、体育赛事业、职业体育俱乐部等就是如此。这些行业的发展对于整个体育产业市场的构建与发展起着重要的引领作用。因此，加强这些产业的建设与管理就显得非常重要。

第一节 体育场馆业的运营与管理

体育场馆不仅是开展体育活动的前提，也是实施《全民健身计划纲要》，不断提高竞技体育水平和推动我国体育产业发展的重要基础。如今，各种体育赛事越来越多，对体育场馆的需求也越来越大，由此可见体育场馆在体育产业发展中的重要地位和作用。为保证体育赛事乃至体育产业的顺利发展，除了大力建设体育场馆外，还要加强体育场馆的运营与管理。

一、体育场馆经营管理概述

（一）体育场馆经营的概念

体育场馆经营从属于经营概念，即在市场经济背景下，利用价格机制（而非行政手段）配置体育场馆各类资源，在等价交换的原则下向市场提供运动场地、体育运动设施以及服务等有形或无形产品的活动总和。

体育场馆的所有经营管理活动都是根据任务或是经营目标而进行的，体育场馆经营管理的目标和任务是体育场馆一切经营活动的基础和依据，必须给予足够的重视。

(二)体育场馆经营管理的主要内容

1. 举办体育赛事

赛事是场馆收入的主要来源,也是场馆核心功能的体现。

体育赛事的种类多种多样,既有国际和国内大型体育赛事,也有职业赛事,还有各类自办赛事等。体育场馆运营管理者承担着十分重要的任务,其任务主要是为社会提供各种体育赛事服务。需要注意的是,首先体育场馆运营管理者需要申请承办或承接各类体育赛事,只有在获得各类体育赛事的承办权后,才能向社会提供相关的体育赛事服务。近年来,国内部分体育场馆运营管理者为丰富体育场馆的经营内容,自主策划组织了一些体育赛事,取得了不错的成绩。体育场馆运营管理者既有可能是体育赛事服务的经营开发者,也有可能是体育场馆物业的出租者,不承担任何市场开发任务,具体情况要根据体育场馆运营管理者与赛事主办方签订的协议而定。①

体育赛事服务不仅是体育场馆服务业重要的经营内容和体育场馆的重要收入来源,也是提升和推广体育场馆品牌形象和价值的重要平台。

2. 开展健身服务

体育健身休闲娱乐是体育场馆经营内容的重头戏,最能体现体育场馆的公益性质,也最能满足公众的体育需求。经济的发展,生活的舒适,促使人们追求更加健康、更有品位的生活方式,于是,健身休闲娱乐就成了他们满足自己新的追求的一个重要方式。体育场馆是群众参加健身活动的主要场所,健身休闲服务是体育场馆服务业十分重要的经营内容之一,是其日常化和常态化经营的重要内容。

3. 组织体育培训

体育培训一般是指向受训者传授体育运动技能及相关知识的活动过程。体育培训需要两个方面的基本条件,即体育专业教练人员和体育场馆。对于体育场馆来说,它们经营体育培训业务,具有巨大的其他社会力量难以企及的场馆优势,同时由于场馆工作人员很多是体育专业出身,也具有一定的专业能力方面的优势。大量的事实表明,组织与开展各种体育培训服务

① 曹亚东,李军岩．体育产业经营管理[M]．西安:西安交通大学出版社,2015.

能为体育场馆带来良好的经济效益，理应受到重视。开展体育培训服务是体育场馆拓展和丰富服务内容、满足消费者多元化体育需求的重要途径，对于提升体育场馆的服务质量和增加服务种类具有重要意义。大力开展培训服务有利于增加群众的体育参与度，增加经常参与体育锻炼人口的比例，并有助于培养青少年后备人才，为国家竞技体育服务。

4. 引进文化演艺

在当前国内体育赛事资源比较稀缺的情况下，承接或举办各类文艺演出和演唱会等文化活动成为体育场馆经营的重要内容，也是当前体育场馆的重要经营收入。目前，在国内部分体育场馆一年举办的各种大型活动中，大型文化演艺活动所占比例甚至远远高于体育赛事的比例，部分体育场馆也因此成为演艺明星举办演唱会的首选场馆，如北京工人体育场、五棵松体育馆、上海体育馆等。当前，我国体育场馆运营管理者与大型文化演艺活动主办方之间多为场馆租赁关系，由场馆运营管理者为活动主办方提供场馆租赁服务，而由体育场馆自行主办的大型文化活动相对较少。

5. 承接企业庆典

企业庆典是指工商企业租赁或依托体育场馆开展的户外拓展、趣味比赛、企业年会、庆典等文体活动。伴随着现代社会的不断发展，其收入在体育场馆经营收入中所占比例逐步提高。企业特别是部分大型企业为了塑造自身的企业文化，扩大企业的影响和知名度，经常需要举办一系列与企业文化相关的文体活动，如企业运动会、企业年会以及企业庆典等活动。这些活动需要专业的机构帮助企业进行策划、组织和实施，体育场馆运营管理者根据企业的需求为企业度身定制各种文体活动服务，受到企业的青睐。国内运作企业文体服务比较成功的场馆主要有武汉体育中心和广州新体育馆等，企业文体活动在这些场馆一年举办的各种活动中约占 1/3。

6. 提供会展服务

会展服务是指在会展活动过程中，由主办方或承办方向与会者、参展者以及观众所提供的各项服务，包括交通、文书、采访、接待、礼仪、旅游、通信、金融、后勤以及展台设计、展具制作、展台搭建、展品运输等。体育场馆作为大空间建筑，符合会展对于空间的要求，适宜举办各种会展活动。近年来，随着会展经济的快速发展，会展业逐步引起了体育场馆经营管理者的重视，会展服务逐步成为体育场馆经营的重要内容，部分体育场馆特别是位于城市中心区域的场馆每年承办的各种会议、展览、展销会以及人才交流会等，在场馆每年承办的各种活动中占有较大比例。场馆运营管理者在承办各类会展的过程中也积累了较为丰富的会展业运作经验，因此，体育场馆运营管理者可以根据会议、展览与展销会的运作流程、经验以及市场和客户的需求，为客户提供优质、高效、多元的服务。①

7. 开发无形资产

近年来，国内体育场馆从业机构在注重有形资产经营的同时，也逐步意识到其自身蕴含的无形资产的巨大价值，加大了对体育场馆冠名权、户外及馆（场）内外广告发布权、商号、商誉等无形资产的开发力度，更多的体育场馆包括国家体育场在内均已着手进行冠名权的商业开发。体育场馆内外以及周边户外广告的发布权已成为大型场馆获取经营收入的重要渠道。

8. 配套综合服务

综合服务是指体育场馆运营管理者在经营过程中，根据市场和消费者的需求提供除以上各种服务之外的其他服务。综合服务的经营以配套服务经营为主，要尽量与体育场馆的上述经营内容相匹配，以满足消费者的多元化、个性化需求。

（三）体育场馆经营管理的方法

为保证体育场馆经营管理活动的顺利进行，一定要采取科学的管理手段与方法。这一科学的管理手段与方法必须是经过大量的实践验证的有效的方法和手段，这样才有利于实现经营管理的任务与目标。

体育场馆的经营管理并不是一项轻松的工作，在工作的过程中需要消耗大量的人力、物力和财力，在体育场馆的运营过程中，一定要做到少投入多产出，运用科学的手段与方法开展各项工作。

1. 建立现代企业制度

通常情况下，为保证体育场馆管理活动的顺利开展，需要构建一个明晰的现代企业制度，这一制度主要有以下特征。

第一，有着十分明晰的产权制度。

第二，体育场馆企业能够依法自主经营、自负盈亏。

---

① 张林．体育产业概论[M]．北京：高等教育出版社，2013.

第三，体育场馆的出资者按投入的资本额享有所有权的权益。

第四，根据当前的体育产业市场需求开展各项工作。

第五，建立一个健全和完善的企业管理制度。

在体育场馆市场化发展的过程中，也要建立这样一个现代企业制度，在参与社会主义市场竞争中自主经营、自负盈亏、自我发展。在这样的情况下，体育场馆应赶上时代发展的形势进行必要的股份制改造，结合现代企业管理的体制实行管办分离，给予体育场馆经营者充分的权利，切实提高自身的管理水平。除此之外，体育场馆的经营管理人员还要理顺体育场馆的产权关系，为体育场馆的制度化建设奠定良好的基础。

2. 树立市场营销观念

在体育场馆经营管理的过程中，管理者还要建立市场营销的基本观念，这是开展体育场馆运营活动的重要指导思想和经营哲学。为保证体育场馆经营管理活动的顺利开展，必须树立科学的现代化市场营销理念，这样才有利于取得理想的经营管理的效益。体育场馆的经营与管理是一项复杂的工作，作为工作人员一定要做好充分的调研工作，充分把握消费者的心理需求和实际需要，设计具有特色的产品，提供多样化的高质量的场馆服务，这样才能吸引大量的消费者前来参与消费。除此之外，体育场馆的管理人员还要增强市场竞争意识，不断提升自身的竞争力。

3. 搞活体育场馆的经营形式

(1)会员制形式。在体育场馆的经营管理中，会员制是一种较为常见的形式，其优点主要有以下三个方面。

第一，通过这一形式的利用，体育场馆能够筹集到一定的资金，可以极大地改善体育场馆的财务状况。

第二，通常来说，体育场馆的会员相对都比较稳定，体育场馆往往能获得稳定的收入。

第三，体育场馆的日常管理工作比较繁杂，但相对来说还是比较轻松的，一名合格的工作人员都能胜任这项工作。

通常情况下，会员制主要有团体会员和个人会员两种基本类型。这两种类型的会员都能享受到体育场馆所规定的各种福利与优惠。但是，体育场馆的经营者在制定会员制度时，一定要采取正确的手段，一方面制定的会员制度要能吸引尽可能多的会员，另一方面制定的会员制度如果只面向高收入者会损害体育场馆公益性的要求。因此，在采用这一形式时要谨慎，综合各方面的因素考虑。

(2)承包制经营形式。承包制也是体育场馆经营的一种重要形式。通过承包制这一形式,体育场馆也能获得一定的收入,取得不错的经济效益。一般来说,承包主要有两种形式:一种是整体承包,每年需要按照规定缴纳一定的费用;另一种是根据不同的项目承包给多个经营者。前者适合实力雄厚的企业,后者适合各个中小企业。

承包制这一形式同样也具有一定的优点和缺点,其优点为收入稳定,工作相对轻松;缺点为不便于对承包者进行管理,如果承包者出现违法违规的情况,就会产生严重后果,因此在选择这一形式时也要十分慎重。

(3)合作经营形式。合作经营是指体育场馆以自身的各种产品或其他设施等作为投资品,吸引各个投资者前来投资与合作经营的一种方式。这一种方式在市场经济发展的今天还是比较常见的。通过各方之间的合作,能起到优势互补的作用和效果,达到资源优化的目的。这种经营方式的优点在于能有效解决资金缺乏、管理经验缺乏等各方面的问题,能取得理想的经营与管理的效益。

这种方式营造了一种利益共享、风险共担的经营机制,体育场馆经营者可以与一些具有较高知名度的企业进行合作,这样不仅能增加客源,取得良好的经营业绩,还能扩大自身产品在群众中的知名度,进一步提升自己的影响力。

4. 建立健全和完善体育场馆的各项管理制度

(1)经济责任制。经济责任制是一项常见的管理制度。这一管理制度主要有两种类型:一种是体育场馆对上级体育主管部门下达的指令性指标或合同规定的各种指标承担的经济责任;另一种是体育场馆内部的经济责任制。发展到现在,这两种类型在体育场馆的管理中都得到了广泛的利用。

要把握好经济责任制这一管理制度,首先就要解决好责、权、利三者之间的关系,同时还要将国家、集体和个人三者的利益结合起来进行,要全面兼顾三者之间的利益,不能有所偏颇,还要处理好整体利益与局部利益、长远利益与眼前利益之间的关系。这样才能保证管理活动的顺利进行。如果能够利用好这一管理制度,一般都能取得很好的管理效益。

(2)经济合同制。经济合同制属于一种法律手段,体育场馆经营者与赞助者事先签订相关的合作合同,如果任何一方做出违反合同的行为,都会受到一定的经济制裁。这一制度是体育场馆经营者与合作者共同开展经营活动的重要依据。

(3)经济核算制。体育场馆经营者要承担一定的经济责任,实行经济核算制是少不了的。这一制度主要是利用各种经济杠杆,对体育场馆的各项经营管理活动进行统计、监督和核算,在这一制度下往往能取得不错的管理效益。

二、体育场馆的经营管理模式

体育场馆是开展体育活动、发展体育事业的重要物质保障条件之一,基于广大人民群众对体育场馆的需求急剧增加,选择切实可行、卓有成效的经营管理模式对提高体育场馆的使用效率、经济效益和社会效益有着重要的作用和意义。

(一)体育场馆自身的状况

体育场馆在规划设计中已基本确定了其功能定位,如是为体育比赛、运动训练或者为全民健身和休闲娱乐服务等。这种自身的状况将影响到该体育场馆经营管理模式的选择。

(二)体育场馆的经营定位与潜在服务对象

体育场馆经营管理模式的选择与该场馆的经营定位是密不可分的,而体育场馆的经营定位又与潜在服务对象的需求是密切相关的,主要可分为:一是围绕经营业务配套的服务,如小卖部、商场(运动实物产品、球迷用品)、宾馆、商务餐饮、沐浴等;二是利用场地的衍生服务,如停车场、展销会、超市等;三是开发创新的项目,如演唱会、游泳池、冬季钓鱼等。

不同体育活动对空间场地、体育装备的要求不一,参与体育运动的对象、人群不同,体育场馆也呈现出多种多样、功能不一的类型。在营销观念的指导下,根据营销的基本理论框架,设计出合适的营销战略方案,并据此采取相应的营销策略,是体育场馆立体营销的根本指导思想(见图 4-1)。

市场营销要求立体思维,除了是一种发展趋势的要求,还有其客观的基础,即市场和营销环境都是立体的。市场营销活动的对象——市场是一个立体空间,是一个多角度、多侧面、多层次的多维综合体。任何体育场馆只有用立体的思维方式与观察方式来密切注意营销环境等各种因素变化,才能及时采取适当措施,使本体育场馆的营销活动与环境的变化相适应,设计出科学的营销方案,实施合适的营销策略,拓展自身的市场空间。

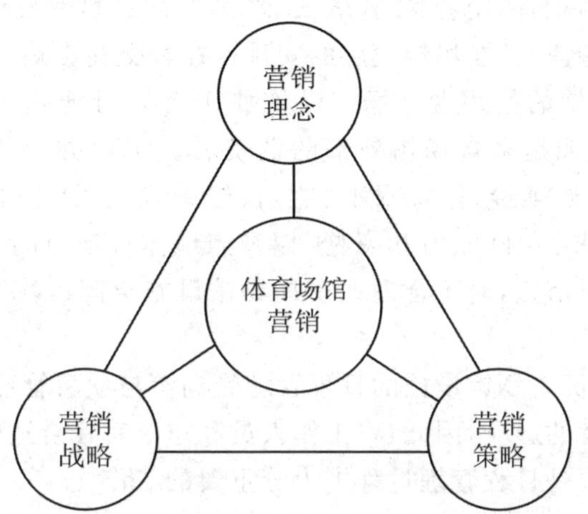

图 4-1 体育场馆立体营销的基本框架

(三)体育场馆的地理环境

体育场馆的地理位置、道路交通条件、气候气象、环境景观、水文地质等因素都将对体育场馆经营管理模式的选择产生重要影响。

三、体育场馆经营管理实务

体育场馆的经营管理是一项综合性强、横断面宽的管理工作。体育场馆在经营管理过程中,必须根据其接待能力,目标市场的客源对象以及当地市场环境和需求预测来合理安排经营项目,合理选择康体娱乐类服务项目以及规模结构、接待能力,合理进行场馆设施的日程管理,加强风险管理意识,有效地开发其无形资产,这样才能使体育场馆经营管理获得成功。

(一)体育场馆的日程管理

日程管理是场馆设施管理工作的主要内容。日程管理以日程为管理主线,根据体育场馆的需求,对场馆设施设备的使用时间、空间、人力资源和活动事件进行合理分配的工作过程。

1. 日程管理的类别

在体育场馆日程管理过程中,有四个重要方面需要进行全面综合的计划协调:场馆设施的使用者、工作人员、场地空间区域和活动事件。每一类都有其独有的特征,且在场馆设施的安排存在着交互影响。

(1)场馆设施的使用者。场馆设施使用者既可能是来自体育场馆的内部成员,也可能是来自场馆外部的消费者。了解并分析场馆设施使用者的消费特征,如年龄、体育水平、性别、健康状况、社会地位、收入水平、特别爱好和需求、支付能力和意愿,以及当地体育项目的普及程度和可能的使用者等特征信息,对于合理地布局场馆设施空间区域和体育装备有重要的意义。

(2)工作人员。场馆设施的日程管理受到参与项目管理、场馆维护与维修人员及志愿者的影响,因此,将工作人员和志愿者在合适的时间和地点安排到合适的岗位是日程管理过程中十分重要的工作。

(3)场地空间区域。无论是球场、田径场、教室、观众席、停车场还是游泳池,每个场地空间都有其特有的特征,因此,不同空间区域对应开展的体育项目也是不尽相同。在统一安排前充分考察各场地空间的适用性是十分必要的。

(4)活动事件。场馆设施管理过程中最复杂和最有挑战性的管理工作是涉及场馆设施每个部分都有需求的大型活动事件的日程管理。这类活动事件通常需要大型的室内或室外的场地以举办不同时间长短的活动,比如音乐会、大型体操表演、体育锦标赛、俱乐部活动、大型舞会以及讲座等。活动事件日程管理除了设施的安装、拆卸和维护外,还需要特别的监督和安全管理措施等一系列管理工作。

2. 场馆设施日程管理的业务程序

(1)场馆预订工作。负责场馆业务联系的工作人员承担场馆日程的预定工作。场馆使用需求所需要确定的内容通过预订表来提交。

(2)场馆预订管理程序。预订管理程序是一系列连续的步骤,用来指导和控制场馆预订工作安排的整个过程。体育场馆经营管理者应该重视该程序的正确步骤和应用。

(二)场馆设施使用费用的规定和制度

体育场馆管理者有必要让体育活动的参与者和感兴趣的使用人群了解与场馆使用费用有关的规定和制度。这些规定和制度应该是事先被制定并由管理者批准实施的。无论是使用 1 小时、1 天、1 周还是更长的时间,明确的费用规定和制度有助于经营者与顾客建立良好的沟通和增进相互理解,尤其是在场馆使用中涉及一些特别费用时，这种沟通和相互理解对提高顾客满意度是非常重要的。[①]

（三）场馆日程管理方法和技巧

场馆日程管理包括年度总体日程计划、季节性计划、月和周计划、时段计划等配套计划。总体日程计划包括地点、日期、时间期限等内容，应由负责整个场馆系统正常运作的管理人员指定。各项具体计划的制订应以总体日程计划为参照，这样才能保持各部门的组织有条不紊，避免发生冲突和矛盾。

1. 季节性计划

季节变化是影响体育场馆日程安排的重要因素。有些地区到了冬天一些体育项目就需要转移到室内开展，而当温暖天气到来的时候，这些体育项目又要转移到室外。因此，季节性的安排要和各季节可利用的场馆相协调，以便易于安排时间较长的场馆日程计划。同时，根据传统场馆日程安排的做法，季节变化前后体育场馆需要进行大部分重要的维修保养工作。

2. 月和周计划

在一个季节周期中，场馆的需求一般是固定和有规律的，此时，以月和周为单位进行场馆计划安排，对使用者养成消费习惯很有帮助。场馆在不同的时间段可以有不同用途，但是已经安排的项目将在整个月份里的固定时间开放。

3. 日计划

日计划把每一天分成几个时间段：上午、下午和晚上，每一个时段又可划分为早晚两个时段。这种时间安排需要了解体育项目参加者的生活方式和兴趣，才能为特定的活动和项目量身定做。在一整天中的不同时间，同一场地也可以为不同的项目服务。

---

① 高雪峰，刘青．体育管理学[M]．北京：人民体育出版社，2009.

4. 小时计划安排

按小时收费是体育场馆经营中通常的做法，因此，有必要划分出重要时段的场地，重要时段收费高，非重要时段收费低。例如，我国场馆经营中的惯例是在下午 18:00—20:00，周六、周日的上午 9:00—12:00，下午 15:00—20:00 等黄金时段提高体育场馆的收费标准，而在非高峰时段采取打折销售的方式。

这种时间段的安排对于平衡需求、提高场馆经营效益有着重要的作用。可以将使用者的名字写在表格中的空白处完成场地的预定安排。

四、我国体育场馆的建设现状与发展趋势

伴随着各类体育赛事的举办，这些赛事对体育场地设施的需求也越来越旺盛。自中华人民共和国成立以来，我国政府十分重视体育场馆建设，投入大量的资金建设了一大批高质量的体育场馆，如北京奥体公园、上海八万人体育场、重庆奥体中心等。

（一）我国体育场馆的建设现状与存在问题

1. 体育场馆的建设现状

1949—1978 年的 30 年间，全国共建设非标准体育场馆 22802 个。改革开放后的 1979—2003 年的 25 年间，全国共建设非标准体育场馆 272987 个。1949—1978 年平均每年建设非标准体育场馆 760.1 个；1979—1995 年平均每年建设非标准体育场馆 5043.8 个，相当于 1949—1978 年平均建设数量的 6.6 倍；1996—2003 年平均每年建设非标准体育场馆 23405.3 个，相当于 1949—1978 年平均建设数量的 47.4 倍，相当于 1949—1978 年 30 年建设数量的 1.6 倍。仅 2003 年一年的建设数量就是 12627 个，相当于 1949—1978 年每年平均建设数量的 709.4 倍，相当于 1949—1978 年 30 年建设数量的 23.6 倍。2004—2013 年是我国体育场地建设发展的黄金十年，在这十年中，体育场地总量每年都大量的增加。第五次全国体育场地普查数据显示，我国有 850080 个场地，第六次普查则增加至 1694607 个，可见数量增加非常迅速，说明我国体育场地建设情况比较乐观。

2. 目前我国体育场馆设施建设中存在的主要问题

(1)体育场馆建设缺乏整体规划。从整体上看,我国体育场馆设施建设缺乏宏观管理整体规划,造成了投资结构失调、重复投资建设现象比较严重的问题,尤其在中、东、西部之间,城乡之间,项目之间,竞技体育与社会体育之间等方面,这种整体规划缺失、项目结构失衡、投资结构失调等现象日趋严重。①

(2)体育场馆建设融资方式较单一,人均场馆拥有数量不足。融资方式简单,资金来源渠道单一,不能满足体育场馆建设需要。目前我国大部分体育场馆的资金来源主要是以国家投入为主,这是历来就存在的一个问题。同时,随着我国城市化进程加快、人口增长,对体育场馆的需求也越来越大。第五次全国体育场地普查结果显示,我国每万人拥有的体育场馆数约为 6.58 个,而在 1990 年,意大利每万人拥有 21.1 个体育场地,芬兰 45.7 个,德国 24.8 个,瑞士 22 个,日本 26 个,韩国 10.6 个,与发达国家存在巨大的差距。

(3)场馆设施功能单一化。我国体育场馆建设的功能单一化,限制了其开发与利用率,影响体育场馆经营的可持续发展。巨额的常年维修管理费用也成为体育场馆的沉重包袱。有些场馆年久失修,更新改造不力,这无疑对国有资产的使用和保值、增值不利。功能单一化,限制了体育场馆的利用率,在一定程度上影响着大众参与体育运动锻炼。

(二)我国体育场馆设施建设的发展趋势

我国各级政府部门重视以往场馆建设过程中存在的种种问题,体育场馆建设呈现出新的发展趋势。

(1)在体育场馆的设计方面,与以往相比,设计感更足,并且注重体育场馆综合效益的发挥与利用。总体来看,体育场馆设计理念在不断更新,呈现了一些新的特点,如体育场馆复合化、多功能化设计,大型体育场馆的建设在赛前设计过程中就更加注重场馆赛后的综合利用。

(2)体育强国的体育场馆规划布局,主要是以国家统一规划为主,并且已取得了很好的成效。我国各地也正将体育场馆建设规划布局纳入城市建设的整体规划之中。民族文化的彰显与高科技产品的应用为大型场馆赛后的经营管理奠定了坚实的基础。

(3)投资以政府为主体,呈现多元化发展趋势。由于体育场馆设施具有

① 国家体育总局政策法规司. 国家体育总局体育哲学社会科学研究成果汇编 体育产业卷 2001—2006[M]. 北京:人民体育出版社,2009.

典型的公共产品性质，因此，我国政府一直承担着体育场馆设施建设投资主体的角色。一些私有经济体、港澳台经济体和外商经济体投资的体育场馆设施在我国体育场馆设施建设中的比重稳步提高，我国体育场馆设施的投资正逐渐呈现出多元化的发展趋势。

第二节　体育赛事业的运营与管理

体育赛事管理是指通过一定方式整合资源，以促使体育赛事目的实现的过程。举办体育赛事的目的依体育赛事管理主体的不同而不同，例如，对政府发展大型体育赛事的目的而言，体育赛事可以达到扩大国家的政治影响、促进经济发展、促进文化的交流与互动、促进举办地综合实力的提高以及促进国民素质的提高等多种目的。对于赞助商而言，可以达到企业推广产品和销售的目的；对于媒体（电视、电台、报纸和互联网）而言，可以达到提高收视和点击率，借此可以提升自己的品牌价值、增加广告收入的目的等。

一、体育赛事运营管理概述

体育赛事管理（Sport event management）是促使体育赛事目的实现的活动过程，随着体育市场化、产业化进程的加快，体育赛事的市场化运作已成为当代体育赛事运营的重要方式。赛事的组织运营是指将人、商品货物和设施设备等在正确的时间内顺利和准确地移动到正确的地方的过程，是一个规划、实施与控制产品及其相关信息的存储以及根据消费者的需要向消费端流动的过程，是组织机构依据事先的规划设计将赛事活动呈现（Deliver）出来的一个过程。经由这个过程，赛事主办方将有关的资源与投入转化为一系列的期望的结果。这一过程有时也称为“流程”。国际标准化组织在ISO 9001—2000质量管理体系标准中将“流程”定义为：“一组将输入或投入（inputs）转化为输出（outputs）的相互关联或相互作用的活动”。国外的相关文献中将这个过程也译为后勤（Logistics）管理。在英语中，“Logistics”（组织工作、后勤、物流）一词来源于希腊语“lgistikos”，意即“计算的科学或理念”，意味着“合理”。在现代一般意义上，这一概念是指任何一项经营活动的细节处理。①

① 高雪峰，刘青．体育管理学[M]．北京：人民体育出版社，2009.

体育赛事的组织工作也必须提前规划，甚至要早于事件的规划与设计过程。这对于危机、安保以及参与者的体验等关键领域来说尤为重要。因此，从理论上讲，赛事的组织工作应该是一个规划的结果，而不是事前没有任何计划的“快闪(fash mob)”。

二、体育赛事筹备阶段的主要任务

筹备阶段指赛事决策者选择需要举办的体育赛事后，按赛事举(承)办权的确定方式，该机构在取得赛事举办权后，开始准备直至赛事正式开始前这一工作阶段。赛事的筹备阶段是赛事各阶段时间最长的阶段，是在为举办阶段所举行的比赛活动与其他主题活动作准备。

(一)赛事筹备阶段的划分

社会体育赛事筹备阶段的时间跨度、工作内容，因赛事规格高低、规模大小的不同而不同。大型综合性运动会的筹备阶段通常达3～7年，小型的单项赛事、学校运动会一般半年，社区运动会1个月以上。一般比赛筹备期不得少于1个月。

按照筹备工作重点及工作内容，又可分为基础筹备阶段、全面筹备阶段、测试赛与试运行阶段。小型、单项赛事相对简单，主要做好基础筹备和全面筹备阶段工作。

基础筹备阶段、全面筹备阶段、测试赛与试运行阶段之间没有严格的时间界限，每个阶段时间的长短及阶段之间的过渡，视赛事具体进展情况而定。但测试赛与试运行最迟应在该项赛事开始举行前一个月举行。

(二)基础筹备阶段的主要任务

基础筹备阶段是筹备阶段的初期，为进入全面筹备阶段作好准备。其中，社会体育赛事总体策划，在赛事筹备工作之初，起着提纲挈领的作用，影响和指导着赛事的整体组织运作，其主要任务如下所述。

1. 组建赛事的组织运作机构

(1)确定组织运作机构。任何计划都需要有明确的主体去执行与实施，这个主体就是赛事运作管理机构，不同类别与性质的赛事，其运作机构也不尽相同。当赛事的主办单位决定自己承担赛事运作时，赛事的运作管理机构就是主办单位自身。当赛事的主办单位将某项赛事的运作交由其他单位完成时，赛事承办单位就成为赛事的实际运作机构。在设置赛事运作管理机构时，要符合赛事举办地的实际情况，并与政府或组织的部门职能相匹配、运作方式相对应。要分工合理，职能清晰，职责权利相结合；要有利于工作总体协调，各项资源合理配置；工作的难点要适中，管理跨度要适当，便于统筹管理。大型赛事，通常是主办单位与承办单位共同设立组织委员会，组成体育赛事运作管理机构，或在组委会的领导下成立执行委员会，在组委会或执委会下，设与赛事运作相关职能的部门作为办事机构；小型单项社会赛事设组委会，办事机构设综合处、竞赛（场地与器材）处、综合保障处、宣传与推广处、市场开发处、接待处等，明确各处的工作职能；基层单位自办赛事可以成立赛事领导小组或筹备小组，办事机构下设相应职能的组或指派责任人。其中竞赛管理组织机构是竞赛筹备工作的关键环节，竞赛管理组织机构没有固定的模式。

一般大型综合性赛事，设立赛事组委会竞赛部，及各场馆和项目竞赛委员会；一般社会性体育赛事在赛事办事机构竞赛处下设综合组、竞赛组、场地器材组及颁奖组，同时明确各部门的组织职能与职责。

（2）制定规章制度。制度指要求大家共同遵守的办事规程或行动准则。在赛事筹备阶段，运作机构会建立一系列制度，来规范赛事各参与对象的行为，主要包括组织管理制度、业务管理制度和考核与奖惩管理制度等。组织管理制度包括办公会议制度、联络员会议制度、督办工作制度、组织人事制度等；业务管理制度主要包括竞赛相关的管理制度、器材设备的采购、配置的相关管理制度、市场开发相关管理制度、财务管理制度、固定资产管理制度、公文档案管理制度、志愿者服务制度等；考核奖惩制度包括工作检查制度、工作人员奖励办法及过失责任追究办法等。①

2. 抽调相关人员

（1）选定相关人员。当我们为赛事运作管理机构选择了适当的组织机构、设置了职能部门后，就需要为实现赛事既定目标，履行各部门职责，而组建、培训、使用、激励工作人员，这也是赛事运作的人力资源管理，赛事人员配备应根据赛事的性质与规模，根据机构编制计划、人员配置计划抽调相关人员，包括借调或委派人员、专职工作人员和志愿者等。

（2）业务学习与培训。根据赛事筹备工作的需要，这些人员分批到位并进行学习培训。首先是组委会管理层人员学习培训，组委会各处室的主任、组长构成了赛事筹备工作的管理层，而组织组委会管理层的培训，是提高赛

① 曹可强，刘清早，郑旗，刘应．体育赛事运作[M]．北京：高等教育出版社，2015.

事管理水平的主要措施。其次是赛事专项工作培训，体育赛事是由若干项工作组成的，如竞赛工作、接待工作、市场开发工作、场地器材工作、安全保卫工作、志愿者服务工作、医疗卫生工作等。针对某些专项工作进行培训，既是学习业务的过程，也是跨部门工作协调的过程，包括讲座培训、实际操作培训。最后进行工作人员培训，按照组委会的工作规范，按不同的时间与节点，快速提高工作人员的业务素质。①

(3)制订赛事方案。通过组织业务学习，然后根据体育赛事的总体计划，由各办事机构指定的责任人，召集相关人员，制订赛事工作方案。工作方案指体育赛事各类工作行动的准则，是做好各项工作的纲领性、原则性、指导性文件。工作方案主要指各专项工作方案，如体育赛事竞赛工作的筹备方案、体育赛事综合保障方案、体育赛事市场开发方案、体育赛事宣传工作方案、体育赛事的接待方案、体育赛事主题活动方案、体育赛事风险防范方案、体育赛事的颁奖方案、财务预算方案和志愿者招聘方案等。赛事各方案经讨论修改后，报组委会审定批准。②

3. 制订执行计划

按照赛事办事机构的设置和职能，根据人员的性格、专业等特点，定职定责，科学分工。按照工作分工，在体育赛事工作方案的基础上，制订可行的具有操作性的执行计划，内容包括“什么事”“谁来做”“什么时候做”等。

在制订赛事执行计划时，先列出工作清单，根据工作清单制定工作进度图(表)和工作流程表。工作进度图(表)是按照不同的工作类别和标准，明确规定该项工作的起止时间，完成该项工作的责任部门，将上述内容按照时间节点的排序，编制成一份重要管理文件。工作进度图(表)是用来对赛事工作的节奏进行控制的。工作流程表是按照时间先后顺序，在同一时间内，不同工作部门要实现的任务。

4. 选定或租赁比赛场馆

体育场馆是社会体育赛事最重要的载体，没有体育场馆，赛事也就无法举办。大型综合运动会，根据赛事的需要，大多由政府或社会筹资，新建或修缮体育场馆；小型单项的社会性体育赛事，一般租借比赛场馆。因此，小型社会性体育赛事，在确定赛事举(承)办权后的筹备阶段，选定或租赁体育场馆是头等大事，选定的比赛场馆设备要完备，场馆附近交通、食宿要方便，

① 刘清早．体育赛事运作管理实务[M]．北京：人民体育出版社，2011.

② 曹可强，刘清早，郑旗，刘应．体育赛事运作[M]．北京：高等教育出版社，2015.

一旦与场馆所有者商定好，就要马上签订租赁合同。

5. 选定或制定竞赛规程

竞赛规程是体育赛事竞赛管理的纲领性文件，俗称“体育赛事的基本法”，是竞赛组织者与参与者都必须遵守的法规。竞赛规程一般由竞赛管理组织机构制定，并征求相关单位的意见，修订后由举办单位公布并下发到各参赛单位。制定社会赛事竞赛规程，一般应包括赛事全称和简称、竞赛的日期与地点、竞赛项目、参加单位、运动员的参赛资格、参赛办法、竞赛安排、录取名次与奖励办法、报名与报到、未尽事宜和规则解释权等。

竞赛规则是对竞赛工作技术规范的约定，是对竞赛场地、器材条件的规定，是竞赛行为的规范和裁判执法的依据。竞技类体育项目有国际通行的竞赛规则，基层小型社会体育赛事既可以选用各项目通行的国际竞赛规则，也可根据竞赛的需要作适当调整，但必须在竞赛规程中予以说明。竞赛规程与竞赛规则，共同实现对竞赛工作全过程的控制。

6. 全面启动赛事筹备工作

社会体育赛事的各职能部门，按照举办单位的要求，赛事组委会的统一安排，全面启动筹备工作，确保任务落实到位。要通力合作，各尽其责，增强责任心、使命感、纪律性。在全面启动赛事筹备工作后，要善于利用体育赛事运作的管理机制，通过会议构建赛事的管理机制，通过制度构建赛制的运行机制，通过工作规范的实施构建赛事筹备工作的实施机制，通过培训提高赛事运作的效率机制。

（三）全面筹备阶段的主要任务

全面筹备阶段的主要任务是，按照社会体育赛事总体策划制订工作方案，并进行全面部署，统筹协调各项工作，使不同系统和工作环节之间，在以竞赛为主线的前提下实现对接和磨合。全面筹备阶段是赛事筹备的主要阶段，工作量最大，工作内容涉及方方面面，直接关系到赛事能否顺利举行。其主要任务如下。

1. 社会体育赛事竞赛工作的筹备

社会体育赛事竞赛筹备是赛事运作过程中，为组织比赛而进行的前期筹备。

它是社会体育赛事筹备的基础与核心。竞赛筹备工作的最基本目标是建立公开、公平、公正的竞赛机制，为运动员提供展示运动技术水平的平台，促进运动技术水平的发展。

(1)运动员报名注册工作。在体育赛事竞赛全面筹备阶段,根据竞赛规程,做好运动员报名注册工作。它是竞赛的基础工作,注册是赛事对运动员取得参赛权的认定和标志。国内体育部门组织的竞技类项目一般需要注册,基层社会赛事则按竞赛规程中对参赛资格的要求做好报名工作。

(2)编写竞赛秩序册。竞赛秩序册是赛事组织工作的重要文件,是对竞赛项目进行整体编排,以保证竞赛秩序,实施竞赛计划的重要文件。社会性赛事秩序册主要包括比赛名称、竞赛日期与地点、主(承)办单位、竞赛规程与补充规定、组委会与办事机构名单、仲裁委员会与裁判员名单、参赛单位、运动员名单及号码、竞赛日程表、竞赛相关活动日程表、竞赛分组和竞赛场馆分布图等。

(3)选派技术代表和技术官员。技术代表是主办单位派驻竞赛处负责竞赛业务的最高指导,全权处理竞赛工作的各种问题,并领导仲裁委员会。技术官员是竞赛的执法队伍与监督队伍,包括仲裁委员、裁判员和辅助裁判员。

2. 做好体育赛事综合保障工作

为了确保体育赛事顺利进行,必须构建完整的保障工作体系。体育赛事的综合保障工作是实现赛事目标的基础,应在按基础筹备阶段制订的各专项工作方案,根据条件的变化,进一步完善各项执行计划和工作流程。此时,各项保障工作已进入实质性启动阶段。

(1)场馆器材的保障工作。场馆、设备与器材是实现竞赛管理必备的物质条件。租借场馆必须符合竞赛规则所规定的标准。对器材进行准备,要求所有场地器材必须严格按组委会的配置要求,保证配发的竞赛器材必须在测试赛前 15 天全部到位,制订器材使用、保管和分配方案。

(2)食宿的保障工作。根据比赛的规模大小,统计参与赛事各类相关群体需要食宿的人数,根据赛事举办地的宾馆与餐饮的实际情况,作好食宿的安排计划,并提前预订好。主要是确定需要提供宾馆的对象类别,结合各类接待对象的数量、规格、抵达体育赛事运作的阶段划分与主要任务时间来确定接待宾馆;依照接待对象对住宿时间、地点、赛事项目的需求分配接待宾馆;提供优质的餐饮服务,在全面了解餐饮对象饮食需求的基础上,选择餐饮供应商。同时,要注意与负责医疗卫生的部门进行合作,确保餐饮卫生标准及认定餐饮供应商的卫生资质。

(3)财务保障工作。财务保障的主要工作是明确赛事的主要收入来源与支出项目,集合赛事实际情况制定预算编制,对组委会的固定资产实施管理。制定财务预算要坚持八项原则：一是总量控制的原则，二是分级负责的原则，三是专项列支的原则，四是确保必需的原则，五是控制活动的原则，六是严格预算的原则，七是方便支出的原则，八是留有机动的原则。良好的财务控制是经过科学的财务预算，通过适当的管理，能够确保体育赛事的经费开支的财物管理行为。应规范财务手续，厉行节约，杜绝超支与违规支出。

(4)安全保卫工作。安全保卫工作既是赛事成功举办的根本保障，也是赛事成功的主要标志。其主要工作：一是完善在基础筹备阶段制订的赛事安全保卫工作的总体计划及方案；二是开展各项检查，在赛事筹备阶段，应把安全检查作为各项工作的重点，并贯穿于安全工作的全过程；三是证件的设计与制作，证件是赛事的各类注册人员及车辆通行比赛场馆的重要活动区域的有效凭证，也是对参加赛事工作人员与车辆进行管理的必要手段。

(5)医疗卫生保障工作。在赛事筹备阶段，首先要完善在基础筹备阶段制订的医疗卫生保障工作的计划及方案，作好现场医疗急救设备与药品的准备，选择并确定符合要求的医院负责院内救治工作。此外，要做好疾病的控制和突发事件的预案。

(6)体育赛事志愿者的招募。志愿者指为推动人类的发展、社会的进步而提供服务的人员。志愿者对于体育赛事的成功举办具有至关重要的作用。依照专业性与参与性的原则，按志愿者招聘方案认真做好志愿者的招聘、选拔、培训、调配工作，为赛事提供高水平的志愿服务。

(7)供气、供热的保障。供气、供热的保障，主要指为赛事的场馆、接待宾馆等区域，提供燃气、暖气等的服务保障。在赛事筹备阶段，要积极组织供热供气安全的专项检查。对供热供气热源气源、管网和设备检修，对供热供气的重点部位、薄弱环节，认真检查维修，确保设备安全稳定运行。

(四)试运行与整改阶段的任务

筹备阶段的后期为试运行与整改阶段，这一阶段有以下主要任务。

1. 赛事试运行

通过组织测试赛、模拟测试赛或比赛训练，可以检验比赛场馆、器材与设备是否正常运转，全面检验和调试组委会各个部门的各项工作，模拟赛时运行工作，提前发现问题，及时发现问题。赛事的试运行分两类：一般大型比赛采用测试赛或模拟测试赛的方式，时间为正式比赛前 1～2 年；小型单项的体育赛事采用模拟测试赛或训练的方式，时间为正式比赛前 7～30 天。

2. 发现问题，及时整改

在试运行过程中发现比赛场馆、器材与设备以及其他工作环节中的问题，及时总结，有针对性地制定措施，切实抓好各项整改工作，同时强化责任追究，确保整改工作落到实处。

三、社会体育赛事举办与收尾阶段

筹备阶段的工作任务，就是为成功举办体育赛事作好一切准备。举办赛事指从运动员报到一直到全部比赛结束的阶段，是全面实现举办赛事目标的阶段，也是体育赛事筹备成果的集中体现。从第一个项目(或者正式的开幕式)开始进行，赛事正式进入举办阶段。

(一)赛事举办阶段的主要任务

1. 按赛事接待方案做好接待服务工作

体育赛事的接待服务工作是赛事举办阶段的重要工作之一，比赛的领导、嘉宾、运动员、裁判员抵达赛事举办地，标志着赛事进入举办阶段。各项接待服务工作开始进入实施阶段，按照赛事接待方案，各接待站、各自的工作方案进入工作状态。“满意看接待”，我们要重视接待工作，根据赛事接待方案，围绕运动员、教练员和各方来宾的食、宿、行，提供热情、周到、细致、优质的接待服务，并做好比赛证件和赛事相关的资料的发放工作。

2. 按赛事主题活动方案做好赛事主题活动

赛事主题活动，是赛事组织者组织的，或由赛事组织者批准组织的，与赛事相关联的体育、文化、经济以及会议等活动。社会体育赛事举办过程中，组织相关活动，可以提升赛事的规格，进一步发挥赛事的载体作用，提升赛事举办地的知名度、关注度与美誉度，也是赛事的重要组成部分。有的赛事主题活动在筹备期已经启动，如赛事市场开发主题活动等，在赛事举办阶段应按体育赛事主题活动方案，做好各项主题活动，社会性体育赛事通常举行以下主题活动。

(1)裁判员学习会议。组织裁判人员学习规则的各项规定和补充规定，研究裁判工作方法，进一步统一判罚尺度，并组织裁判人员进行裁判实习。

(2)召开组织委员会全体会议。主要介绍赛事主办的主要活动，向全体委员、各代表团(队)提出要求与希望。

(3)裁判长、领队教练员联席会议。传达组委会关于竞赛方面的决议和规定,明确竞赛规程中的规定及补充规定,阐述竞赛日程安排,宣布运动队和运动员体育道德风尚奖的评选工作事宜,以及对运动队的管理、安全保卫等提出要求。

(4)简短的开闭幕式。体育赛事的开幕式和闭幕式,是体育赛事成功开始和圆满结束的标志性事件,这使得开幕式和闭幕式成为展示赛事运作水平和整体形象的最佳载体之一。大型比赛开闭幕程序比较复杂,并有大型团体操或文艺表演。

小型的单项比赛开闭幕式则相对比较简单,开幕式程序可由赛事组委会领导致欢迎词,赛事主办单位领导宣布开幕,运动员代表讲话组成,也可穿插一定的文艺表演或者其他庆典活动。

(5)与体育赛事有关联的小型文化活动,如展览、活动展示、健身与健康方面的知识讲座等。赛事举办期间的活动组织,要遵循的原则:围绕《竞赛总规程》规定和日程组织活动,遵循确保安全、活动简捷、庄重、规范的原则。组织这些非竞赛活动的目的,是提升赛事规格,进一步发挥赛事的载体作用,提升赛事举办地的知名度、关注度和美誉度。

3. 按竞赛规程和秩序册的安排组织比赛

组织比赛是整个竞赛工作的中心环节,也是社会体育赛事运作最核心的工作。比赛的参与者是运动员、教练员、裁判员、技术官员、随队官员和医务人员等。

在赛事举办阶段,竞赛组织是按竞赛规程和秩序册的安排组织比赛的,具体工作包括点名、检录、比赛(预赛、复赛、决赛或小组赛、半决赛、决赛)。比赛开始后,竞赛组织部门首先要做好成绩的统计和公布工作,及时将赛事信息、成绩公告等通过组委会办公室发送给相关部门,以便相关人员及时掌握和报道。当比赛全部完成后,编制好各代表队的运动成绩手册。

4. 按体育赛事的保障方案做好各项保障工作

按保障方案,围绕赛事举办,按照赛事和活动的安排,竞赛组织部门提供综合保障服务。在场馆器材的保障工作方面,赛前全面检查落实场地器材等准备工作,保证比赛顺利进行;在安全保卫工作方面,坚持预防在前、发现在早、处置在小的原则,维护好赛事秩序,加强重点领域的防范工作,强化社会治安管控;在医疗工作方面,重点是现场医疗救护的组织实施、卫生监督、疾病控制、突发事件的处理(如食物中毒)等;在志愿者调配方面,按志愿者调配使用制度，做好岗位对接；此外，在其他保障工作方面，如通信、供电与供水、供气与供热等，要组建快速抢修队随时待命，同时注意气象变化，制定应变措施。①

5. 按赛事颁奖方案做好颁奖工作

颁奖工作也是竞赛工作的重要组成部分，按颁奖方案做好赛事的颁奖工作，尤其是运动员的颁奖和运动队的体育道德风尚奖的颁奖工作，包括颁奖嘉宾的邀请、志愿者的安排等，应按颁奖程序与要求提前做好相应工作。

6. 做好比赛的风险防范

社会体育赛事风险指具有不确定事件发生的可能性，一旦发生，其后果会延误体育赛事或导致赛事损失、甚至失败的不确定事件。体育比赛中的风险管理，就是尽可能识别在比赛过程中潜在的可能对赛事产生负面影响的不确定事件，对它们可能产生的影响进行评估，根据筹备阶段制定的相应风险处理的方案或制定应急计划采取措施，使它的可能性降低或者使其负面影响降到最低。及时识别风险，科学决策，果断处置，主动防范与转移相结合，是赛事风险防范的最主要和最有效的措施。社会体育赛事举办阶段可能发生的风险主要在接待工作、竞赛组织、医疗卫生、开闭幕式组织、安全保卫等方面，此外还有食品安全卫生方面的食物中毒风险。②

（二）赛事收尾阶段与主要任务

社会体育赛事收尾阶段指按总体工作方案完成全部竞赛组织和相关主题活动的组织工作后，对赛事进行评估总结，并完成赛事全部后续工作的阶段。这一阶段直至交出总结报告和审计（财务）报告，转移人员，撤销赛事组织机构为止。通常当赛事比赛全部结束，闭幕式举行完毕，标志着赛事进入了收尾阶段。这一阶段工作完成后，本次赛事即告全部结束。具体工作如下。

1. 回收器材与设备，做好赛事财务决算

（1）回收器材与设备。体育赛事器材与设备等固定资产，主要包括办公用品、竞赛器材与设备、活动设备。赛事结束后，所有登记在册的设备、器

---

① 曹可强，刘清早，郑旗，刘应．体育赛事运作[M]．北京：高等教育出版社，2015．

② 曹可强，刘清早，郑旗，刘应．体育赛事运作[M]．北京：高等教育出版社，2015．

材、办公用品，应该尽快得到妥善处置。

(2)向审批者提交赛事总结报告，财务审计报告。赛事结束后，及时对赛事进行总结评估，撰写赛事总结报告，编制财务报告，财务报告经审计部门审核后，连同总结报告一起报主办单位审批备案。小型比赛无须审计，但要做到账目公开。商业性赛事财务盈利，则涉及合伙人的分成。

2. 人员转移与赛事机构的撤销

(1)人员转移。体育赛事的成功举办是工作人员辛勤工作的成果，赛事收尾阶段应妥善安排工作人员的转移任务，让工作人员愉快而来，满意而归。在工作人员转移前，要明确人员转移的时间、范围与方式，大型综合性运动会通常采取分期分批的方式进行转移，在收尾阶段各专项工作完成后，就可组织无关人员转移。抽调人员返回原单位，招聘人员则按合同到期自动解除雇佣关系。小型比赛工作人员大多来自举办赛事单位，人员转移相对简单，如学校的比赛，工作人员都来自本单位；社区的比赛除专业裁判人员，其他工作人员基本从本社区抽调而来。在赛事收尾阶段，外调工作人员完成工作移交后便可转移，本单位工作人员按要求完成后续工作后，回原岗位。无论大型还是小型赛事，一定要做好人员转移的保障工作，包括总结、表彰、欢送及奖金和补助的发放等。

(2)赛事机构的注销。社会体育赛事的运作组织一般是临时的机构，在赛事收尾阶段，在对任务完成过程进行总结、对组织成员进行表彰、对不同类型工作人员的流向做出合理的安排之后，便开始注销赛事的组织机构。大型综合性赛事，要按照当时组委会组建程序做好相关注销工作，包括停止公章的使用、注销账户等，向公众宣布组委会正式解散，以作为本次赛事的终结。小型赛事的组织机构，在完成赛事全部工作后，直接宣布解散。

四、体育赛事现场的人员管理

体育赛事的举办会在短期和有限的空间范围内聚集大量的人流。包括比赛参与人员、工作人员(含志愿者)与官员、观众(含赞助商方的工作人员)、媒体工作人员等，这些人员均被统一看成赛事的消费者。他们流动涉及“到场”、“在比赛场地空间范围内的移动”和“离开(或撤出)”三个阶段。他们移动的效率直接关系到赛事体验质量。

(一)体育赛事现场集群人员管理要素

在上述所有的体育赛事到场人员中，最具有“集群”性质的群体是赛事参与者与消费者(有些赛事这二者是合二为一的)。因此,本小节的内容只针对这一部分人群,对这类人员的科学管理是有效规避或减少人身安全、财产以及其他风险发生的关键环节,因此具有十分重要的意义。集群人员管理有四个重点考虑的要素。

1. 人流量

对于那些通过门票、证件查验和身份认证等方式对人员进行控制的封闭型体育赛事来说,人流总量可以比较精确地在事先进行确定,也比较容易进行人流的管控。对于一些开放性的公众可以自由参与的体育赛事活动来说,人流量则有比较大的不确定性。为了尽可能地减少这种不确定性,通常可通过利用先前赛事的经验数据(对定期举办的赛事)或通过类似的赛事活动之间的横向比较两种方式来对人流量进行评估。

2. 人员的地理(或空间)上的分布方式

在人群聚会式的场地多用于封闭型体育赛事,人员的管控尤为重要。因为在这类空间内,极容易出现人群的拥挤、混乱甚至发生踩踏事件。在"点—线"结合或开放式空间内,人员的分布比较分散,行为的管控比较难以进行,但是相对比较安全。

3. 人员流动的时间特点

这主要是指到场的赛事消费者到达现场的时间分布特征。有时大量的人流是在短时间内"涌进",有时则是在一定时间限度内缓慢地陆续到达。前一种情况比较容易出现人员的拥挤和突发事故。因此,从管理角度来看,现场组织管理人员应给观众及其他人员进入比赛场地预留足够的时间。

4. 消费的期望

消费者对某一产品或服务期望的形成是事前基于所获得的赛事相关信息而形成的,因此具有"先在性"。体育赛事消费者(特别是观众等赛事的直接消费者)的期望值与他们的消费实际体验水平之间的差额决定其满意度。体育赛事举办前,为了尽可能吸引公众与市场的注意力,举办方总是想方设法地通过各种途径进行赛事的营销推广,成为潜在市场的主要信息来源。这些信息可能会让潜在市场形成对赛事体验的过高期望。因此,体育赛事的营销方式与程度会直接影响赛事消费者的期望并最终影响他们的满意度。[①]

(二)赛事现场集群人员的管理策略

基于上面四个方面的管理要素,我们可以提出以下一些常用的管理策略与方法。

1. 赛前的"前摄性"管理

体育赛事是一个时间过程,具有"时段性"特点。学者们通常将大型体育赛事分为"赛前""赛中"和"赛后"三个阶段,而且这三个阶段是紧密联系的,不可截然分开。赛事举办时现场的人流量和特点形成与赛前举办方的有关活动直接相关。首先,在赛事的市场营销方面,举办方需要运用科学的营销方式进行赛事的宣传与推广,使消费者在准确的信息基础上形成合理的期望;其次,在票务销售方面,可以提前运用计算机预订系统等现代科技手段进行提前销售,代替传统的现场售票方式;最后,一些体育赛事需要参加者进行登记注册,可以利用网络与计算机技术在前期完成。实践表明,现场进行注册登记和票务销售等会成为赛事及其他节事活动等的"瓶颈"影响因素。

2. 交通的管治

体育赛事消费者的流动在很大程度上是"交通"问题。这里的"交通"主要是指举办地公共交通系统,不包括赛事旅游者从远距离的客源地到目的地的交通(transportation)。或者具体地说,是指从居民居住地和各交通集散中心(如机场、长途火车站等)到赛事举办地点的短途交通状况,包括赛事举办地附近的停车场建设等。

交通属于城市公共服务领域。赛事组织举办方需要在赛事规划阶段就充分考虑本地的交通服务的软硬件状况。为了赛事的顺利进行,对于一些VIP和赛事活动的关键人员则需要提供专门的接送服务,"穿梭巴士"是一种最常用的服务方式。

有效地疏导赛事举办期间的大量人流和车流需要周密的计划,也需要当地警察、交通部门、活动组织方和志愿者的能力配合。在重要路口和主干道应设立指标牌,活动场地附近必须有充足的停车场。保持交通通畅的另一措施是设置路障或利用管理人员控制行人。此外,还有紧急情况下(如发

① 李冰心,邵一泉,高梦晗,等.FMEA在高校社团活动全面质量控制中的应用研究[J].中小企业管理与科技(上旬刊),2018(001):81-83.

生交通堵塞或意外事故)的应急预案。

3. 基于“排队理论”的集群人员管理

从赛事消费者角度看,“排队”经常是体育赛事消费过程首先遇到的体验,并会直接影响他们的整体体验质量。如上文所述,虽然赛事举办方的现场组织管理人员可以为人员的到达提供预留时间,但在各类体育赛事活动中,现场的“排队”现象还是很常见的。因此,如何对排队人员进行管理是体育赛事人流管理的一个重要环节。

排队理论(Queuing Theory)也称随机服务系统理论,是通过对服务对象到来及服务时间的统计研究以得出等待时间、排队长度以及繁忙期间长短等数据,并借此来改进服务系统的结构或重新组织被服务对象的理论。“排队理论”的目的是正确设计和有效运行各个服务系统,使之发挥最佳效益,尽可能高效和高质量地服务于消费者。

之所以运用到体育赛事等事件管理中,排队理论的一个重要方面是赛事消费的可感知排队(或等待)时间(Perceived Queuing Time),这个感知结果在很大程度上是主观的。如何缩短可感知的等待时间是提升消费者体验的一个至关重要的管理策略。

通过语音与电子屏幕显示等方式,及时为排队等候的人们提供需要等待的时间与现有等待人数等信息。

(三)其他到场人员的接待服务管理

各类人员的接待是体育赛事现场人员管理的一个重要环节。现场接待不仅要规范化和程序化,同时还要尽量做到因人而异,注意工作的个性化和人性化。

除了一般观众以外,其他赛事的参与人员可能都需要接送。这项工作中最为重要的是要事先规划缜密的交通方案,根据需要选派合适的车辆。对于媒体记者,尤其要保证高质量的交通服务,这样可以使他们增加正面报道,提升活动的知名度与美誉度。对于有残疾人参与的活动,不仅在空间与环境设计中要注意这类人群的特殊需要(如坡道、盲道、专用洗手间、专用停车区域、专门观看比赛区域),在接待过程中还要安排受过专门训练的人员进行服务。目前,我国在这方面的服务相对较差,还有很多地方需要进一步改进。

在接待前,举办方就应该事先对活动的内容、人数、国别及爱好等作充分的调查研究,了解国际惯例等,并在此基础上就接待工作制订方案。

接待服务的礼仪通常要遵循以下两个最基本的原则:首先是国际惯例

与民风民俗及地域文化相结合的原则。体育赛事的国际化发展趋势越来越明显，在礼仪的策划中要重视国际交往的通则以及一些固定的仪式或礼节。这些都是向交往对象表示尊敬与友好的约定俗成的习惯做法。其次是国家一律平等的原则。

五、体育赛事的物流管理

体育赛事物流的组织与管理的工作内容及其复杂程度与赛事的规模（持续的时间长度和涉及的空间范围大小）及性质（单项还是综合）有关。小规模的赛事涉及的物流量小，工作环节与程序比较简单。大型体育赛事（尤其是像奥运会与世界杯这样的特大型赛事）的物流工作则要复杂得多。大型体育赛事的物流规模往往较大，服务成本也较高。①

（一）体育赛事物流的基本特征

体育赛事物流的组织与管理有以下三个方面的基本特征。

1. 空间上的相对集中性与分散性并存

空间方面除了相对集中以外，由于不同的体育项目对比赛条件的要求不同，导致体育赛事物流服务的空间性比较强。

2. 不确定性

体育比赛的结果具有不确定性（尤其是那些竞技性强的竞赛活动），这会给赛事的物流活动带来不确定性。除此之外，体育赛事所涉及的诸多因素（如交通、居住、休闲与饮食等）均很难在赛前进行预测。实际上，赛事进行过程中能够预测的物品通常只会占到总需求的60%。因此，这需要在物流服务中建立快速应急机制，及时提供应急物流服务。

（二）体育赛事物流服务模式

1. 自我服务模式

这种服务模式需要赛事组织举办方自己提供相关的人力、物力与财力，成本相对较高。而且，赛后还容易导致大量的物流服务设施长时间闲置，造

① 崔柏青. 中国大型体育赛事下的体育物流体系[J]. 中国市场，2015(050)：16-17.

成资源浪费。从目前的实际情况来看,大型体育赛事一般较少采用这种模式,而一些小型体育赛事则比较适合这种模式。

2. 供应商提供物流服务模式

这一种服务模式在当今体育赛事管理中还是比较常见的,与自我服务模式相比,这一种模式有着很高的使用效率,并且服务质量也相对可靠。但是这一种模式也存在一定的缺陷,那就是需要体育赛事的供应商耗费大量的物力与财力来构建自己的物流服务中心,否则就难以保证这一服务模式的正常运转,因此这一模式只适合大型企业。

3. 第三方物流服务模式

在体育赛事举办过程中,物流并不是赛事的主要方面。这是一种完全社会化的物流服务模式。提供物流服务的主体是一些拥有自己的专业物流服务设备和管理技术的专业物流服务企业。这一模式大大提高了物流服务设施和资源的利用率。

4. 第四方物流服务模式

这是一种最新的社会化、集成化和信息化的体育赛事物流服务模式。简单地讲,这种模式集成了前三种模式的运营内容与程序,为体育赛事提供系统设计、采购、运输、配送控制、客服以及信息等全方位的集成化体育赛事物流服务,以确保体育赛事的顺利进行。这种模式的物流服务企业需要有强大的资源实力、整合资源的能力以及服务链的管理能力,是未来发展的一个趋势。

(三)体育赛事物流的供应链管理

企业供应链管理(Supply Chain Management,SCM)是企业在满足客户服务水平的情况下,为了使整个供应链的成本达到最小,而采取的把制造商、供应商、物流配送服务商以及渠道商等各方进行有效的组织,进行产品的生产、运输以及销售的管理方法的总称。

大型体育赛事对物资的需求量大而且很分散,变数多,供货周期短(反应时间较短)。

大型体育赛事供应链应该是高反应能力型的供应链,反应能力强也意味着赛事供应链成本居高。从生产角度来看,生产能力强则意味着反应能力强。因此,从战略角度出发,必须大力提高供应链的生产能力。

ERP(Enterprise Resource Planning)即企业资源计划(或规划)的简称,由美国著名管理咨询公司 Gartner Group Ine 于 1990 年提出来的一种供应链管理思想。ERP 是建立在信息技术基础上,以系统化的管理思想,为企业决策层及员工提供决策运行手段的管理平台。大型体育赛事可以借鉴现代企业的 ERP 管理思想来设计规划供应链的功能模块。在 ERP 中,其生产计划和物料需求计划是核心模块,对于大型体育赛事供应链管理也是如此。这两个功能模块决定着整个大型体育赛事供应链物流管理的准确性与合理性。

六、体育赛事管理体系

体育赛事的组织运营系统由三个基本要素构成:"人"(赛事消费者)的流动、"物"(产品、商品、货物、设施、设备)的流动以及"信息"的流动。体育赛事的组织即是控制和管理这三个"流动"的过程。

(一)国际体育赛事的管理机构

国际体育赛事通常由不同的赛事组织负责经营管理。例如,奥运会由国际奥委会主办;世界大学生运动会由世界大学生体育联合会主办;各单项世界杯赛、世界锦标赛分别由国际单项体育组织主办;洲际综合性运动会由各洲的体育联合会或理事会主办。

国际奥林匹克委员会简称国际奥委会,为非政府、非营利,并具有法律地位的国际综合性体育组织,总部设在瑞士洛桑。1981 年瑞士联邦政府承认国际奥委会法人地位,享受半外交使团待遇,可不交纳税收。奥林匹克运动的经济基础是奥林匹克象征的商业权利。奥林匹克宪章规定,奥运会完全属于国际奥委会,国际奥委会拥有其一切权利。① 奥林匹克象征是国际奥委会的无形资产,包括奥林匹克运动会、奥林匹克五环标志、奥林匹克旗、奥林匹克格言、奥林匹克徽记、奥林匹克会歌、奥林匹克圣火和奥林匹克火炬。国际奥委会具有奥林匹克象征的经营权,各国奥委会拥有本国奥委会象征的经营权,并在本国范围内进行商务开发。奥林匹克象征的使用权因奥林匹克周期也具有周期性。奥林匹克周期是指从夏季奥运会开始直到下届夏季奥运会开幕为止的连续 4 年为 1 个奥林匹克周期。国际奥委会可以销售连续几个周期的电视转播权。区域性奥林匹克组织从属于国际奥委

① 陈云开. 赛事经营管理概论[M]. 上海:复旦大学出版社,2003.

会,协助国家奥委会解决本地区的体育事宜。①

除了综合性国际体育组织之外,还有国际单项体育组织,它为国际奥委会代理各项目的奥运会预赛和决赛,其中预赛委托给洲际单项运动组织代理。洲单项运动组织的会员是国家单项运动组织,也从属于国际单项运动组织。下面主要通过国际影响较大的足球、网球、田径、游泳、体操和拳击项目简要介绍世界、洲际和国家的单项运动组织,各单项洲际杯赛、洲际锦标赛分别由各洲的单项体育组织主办。

在我国境内举办的重要国际赛事或纳入国际体育组织管理的国际邀请赛等,主要由相关的国际体育组织主办,由我国的有关单项运动协会和有关部门承办或协办。

这类比赛要向国际体育组织交纳一定的管理费;在我国境内举办的未纳入国际体育组织管理的一般国际邀请赛,主要由地方政府(体育部门和外事部门联合)举办。

我国参加的大部分国际综合赛事(如奥运会等)均由中国奥委会派出队伍,只有世界军人运动会为全军体育指导委员会派出队伍参赛;我国参加的国际常规单项比赛由单项运动协会派出队伍参赛;我国参加的临时性国家间邀请赛,可由相应体育主管部门(世界、亚洲、国家、地方单项体育协会、俱乐部等单项体育组织)派队参赛。

(二)我国体育赛事的管理机构

在我国举办的大型体育赛事如奥运会、亚运会、全运会、大运会等。一般都是政府发挥主导作用,地方政府和体育行政部门负责具体承办赛事。近年来,在运作方式上逐步采用市场化运行手段。2010 年广州亚运会的组委会就是在广州市政府的大力支持下,积极开发市场,通过市场化、社会化融资渠道,获得了超过 30 亿元的赞助额,是多哈亚运会的 5 倍、釜山亚运会的 3.5 倍,被公认为是一个市场开发获得巨大成功的体育盛会。

北京奥运会后,一些单项体育赛事的举办逐渐由以政府为主体过渡到以体育经纪公司为主体的办赛模式。如在世界斯诺克中国公开赛举办之初,赛事的所有协调工作均由北京市政府主持召开协调会,以协调公安、交通、场馆、属地等各方关系。

场馆自主办赛事也是近年出现的一个新事物。例如,上海东亚集团开创了以体育场馆为主体直接办赛的先河。

---

① 王大鹏. 体育产业前沿[M]. 保定:河北大学出版社,2006.

在我国,不同的赛事一般由不同的组织机构举办(主办或承办),具体如下。

(1)大型综合性全国赛事。大型综合性全国赛事包括每4年举行一次的全国运动会、全国城市运动会、全国体育大会等,由国家体育总局主办。

(2)一般行业系统的综合性全国赛事。主要有全国工人运动会、全国农民运动会、全国大学生运动会、全国中学生运动会、全国少数民族运动会、伤残人运动会等,由全国总工会、农业部、教育部、国家民委、中国残联会同国家体育总局共同举办。

(3)全国单项比赛。主要是各运动项目的单项全国比赛,以及近年来发展的职业联赛,如足球、篮球、排球、乒乓球、围棋全国联赛等。这些比赛由国家体育总局授权各全国性单项运动协会主办。

(4)群众性体育比赛。群众性体育比赛种类繁多,分别由社会体育指导中心、各单项协会、各地方体育局、体总、社团、学校、社区、街道等举办。

第三节　职业体育俱乐部的运营与管理

职业体育俱乐部是职业体育的基本组织形式,它是由投资者、经营者、管理者、运动员和教练员组成的利益共同体。由于职业体育俱乐部在扩大体育影响、促进运动成绩提高和满足广大体育爱好者的观赏需要、促进国民经济发展等方面发挥了巨大作用,因而近年来发展迅速。①

一、职业体育俱乐部管理的定义

职业体育俱乐部管理是指通过一定方式整合资源,以促使职业体育俱乐部目的实现的过程。职业体育是一种追求竞技比赛票房价值,以商业牟利为目的的竞技体育活动。职业体育俱乐部是以股东利益最大化为目的导向的企业,都已注册成立俱乐部有限责任公司或俱乐部股份有限公司,具有独立法人资格。② 职业俱乐部为了实现自身延续的根本目的,必须依靠市场经济规律运作,以获取最大的经济利益。

① 苏义民,李明. 体育经济学教程[M]. 武汉:湖北人民出版社,2003.

② 骆秉全. 简编体育市场营销学[M]. 北京:中华工商联合出版社,2001.

由于职业体育俱乐部是由多方利益共同体构成的体育经济组织，因此，职业体育俱乐部的管理者是多元的。对于企业性质的职业体育俱乐部，政府也有管理的责任，并将其纳入体育市场的管理范畴，依法加强监督和管理。各级各类单项运动协会也通过章程和有关规章制度，在章程规定的范围内发挥对职业体育俱乐部的管理职责。职业体育俱乐部的投资者和管理者一起工作，寻求和维持与球迷、赞助商、广告商、其他俱乐部、项目协会、地方政府、金融家之间的交易和关系，共同为实现俱乐部的最终目的而努力。①

我国已基本形成职业体育俱乐部管理体系，运动项目管理中心兼具政府、事业、企业、社团的功能。这种管理体系尚属于向市场经济过渡的阶段，很难适应市场经济体制下的职业体育俱乐部发展，还需不断完善管理制度，转换经营机制，以不断强化我国职业体育俱乐部的经营管理水平。

二、职业体育俱乐部管理的基本方式

（一）提高俱乐部核心产品的水平

赛事作为职业体育俱乐部的核心产品，其水平高低不仅会影响观众的观赏兴趣，还会影响俱乐部的收入。为此，必须牢牢把提高俱乐部比赛的精彩程度作为俱乐部生存发展的核心要义，以创造高水平的产品满足消费者的欣赏需求实现俱乐部的持续发展。

（二）打造俱乐部服务的质量

职业体育俱乐部赖以生存的重要基础就是创造高水平的体育赛事，以体育赛事为核心从事各种生产经营活动，通过各种产品或服务的经营，从中获得相应的利益，如此俱乐部得以正常运转。俱乐部要以市场需求为杠杆，以满足观众的需要，围绕竞赛去经营开发，赚取票房收入及建立在此基础上的广告、电视转播、企业赞助、转会和彩票活动等为生存基础。为达到这一目的，必须千方百计提高俱乐部服务质量，要从竞赛规则、赛事组织到赛场服务、经营策略都要建立市场意识、服务意识。

① 肖林鹏．现代体育管理 第3版[M]．北京：北京体育大学出版社，2015．

（三）职业教练员的管理

1. 十分注意教练员的任职资格

随着各个项目运动成绩的不断提高，决定运动成绩的因素日益增多，训练的难度也日益加大，因而对教练员的要求也越来越高。除了要有强烈的事业心，精通某一运动项目，具有这一项目丰富的比赛经验外，还必须掌握先进的理论和方法，具备运动生理学、心理学、生物化学、生物力学、管理学、教育学、社会学和训练学等领域的基础知识，并且融会贯通，创造性地运用到日常训练和比赛中去，才能技高一筹，立于不败之地。因此，过去那种运动员退役后自然直接升任教练员的做法已经落伍，许多国家都明文规定教练员必须拥有相应的学历。例如，德国足协规定教练分 4 级：教师级、A 级、B 级和 C 级。教练员必须从 C 级开始，先培训，考试合格并在每一级岗位上工作两年后方能晋升。各级教练的培训和考试分别由下列部门负责：教师级教练由全国足协委托最高体育学府科隆体育学院培训半年；A 级教练由全国足协负责培训 5～6 周；B 级教练由州级足协负责培训 4 周；C 级教练由地方足协培训 4 周。德国还规定，只有拥有教师级和 A 级证书的教练员方能担任职业队的教练。意大利足球教练分两级，也都必须经过相应的培训。①

国外各职业体育俱乐部，在执行这条规定时不是很严格。取得某一级别的任职资格后，可低聘但不可高聘，无资格证书一般均不予考虑。荷兰著名足球明星、国家队队长克鲁伊夫退役后，被西班牙巴塞罗那俱乐部聘为教练，因无甲级教练员证书而遭舆论界的非议。由于他的名声太大，后经荷兰和西班牙足协特批并采取变通办法才勉强过关。无独有偶，西德“足球皇帝”贝肯鲍尔开始任国家队教练时，也因没有教师级教练证书，而不得不采取以领队的名义代行教练员之职的变通办法，来消除社会舆论的压力。②

2. 实行合同制

在当今的职业体育俱乐部中，教练员与俱乐部实行的是合同制。合同中既赋予了教练员的相关权利，又严格规定了教练员应尽的义务和责任。对于俱乐部和教练员双方来说，合同起着重要的保障与制约的作用。每当

---

① 蔡俊五．世界体育俱乐部制[M]．北京：中国大百科全书出版社，1995.

② 纪康宝．体育俱乐部市场化运作与现代化管理实务手册（下）[M]．长春：吉林电子出版社，2003.

赛季结束，甚至赛季期间经常有一些不堪重任，不能实现预定目标的教练员被革职。由于职业教练员的工资普遍较高，同时待业的教练员很多，因此竞争还是比较激烈的。在这样激烈的竞争环境下，教练员必须要兢兢业业地工作才能保住自己的“饭碗”，这也在一定程度上促进了职业体育俱乐部运动队水平的提升。

（四）球迷产品经营

在职业体育产业中，俱乐部本身就是一个品牌俱乐部的经营管理者，应有策划和包装俱乐部品牌的意识，而任何一个品牌都是由一系列的标志组成的。如可口可乐作为一个世界最知名的品牌，它是由红白相间的广告图案、红色卡车、自动售货机、喷泉式饮料机、零售商招牌、红色太阳帽和T恤衫等一系列标志组成的。人们看到其中任何一个标志就想到可口可乐这一品牌。

设计、生产、经营球迷系列产品，目的也在于此。一句话，没有品牌形象的职业体育俱乐部永远不可能成为一流的俱乐部，球迷对俱乐部没有归属感的俱乐部必将是失去成长性的俱乐部。

（五）俱乐部标志物的使用权的经营

俱乐部标志物的使用权是指向经济部门出售职业体育俱乐部的名称、会徽以及职业队联赛或其他重大比赛的名称、标志、吉祥物的使用权和“指定产品”名称权，以及带有这些标志的纪念币和各种纪念品的生产经营权，以此来为商品做广告，提高商品的知名度和销售量。由于一些重大比赛是人们向往已久的盛大节日，同时也具有纪念意义，人们为了赶时髦装扮一点节日气氛，或者为日后留下一些纪念品。因此也爱屋及乌，顺便买些带有比赛名称和标志的纪念章、纪念币、短袖衫、遮阳帽、打火机、钥匙链和手提包之类的纪念品，因而使得这些产品非常畅销，能吸引许多广告客户。这类广告的客户由于不受数量的限制，任何企业均可参加，因此涉及面广，广告费用虽然不像其他几种广告形式那样高，但积少成多，总收入也不少。美国职业篮协、棒协和美式足协则采取自己垄断某些小纪念品的产销的方式，每年分别投资15亿、20亿和25亿美元，均可从中获纯利10%左右。日本职业足联将此类专利权交由索尼创意公司代理，每年可带来1000余万美元的纯收入。

三、职业体育俱乐部的注册与运动员转会

各个国家对职业运动员的注册与转会规定大同小异。以足球为例介绍其注册与转会的大体程序。注册是一项重要、细致、政策性很强的工作，它直接影响各俱乐部、教练员、运动员、裁判员的参与比赛资格。①

（一）俱乐部注册

每年一次。具体按中国足协通知办理。

（1）足球俱乐部应是具有独立法人资格的经济实体或相对独立法人资格的事业实体。

（2）足球俱乐部应依照《中国足球协会俱乐部章程》成立，并建有相应的组织管理机构，依章开展活动。

（3）各类足球俱乐部必须具有符合《中国足球协会俱乐部章程》要求的物质条件。

（4）足球俱乐部必须建有代表队和后备梯队。

（5）足球俱乐部实行聘任制，必须与管理人员、教练员、运动员、工作人员签订工作合同。

（6）足球俱乐部应为教练员、运动员、工作人员提供保险。

（7）足球俱乐部可以在比赛中获得分成。

（8）足球俱乐部实行会员制，可以吸收会员。各俱乐部吸收的会员将自然成为中国足球协会俱乐部会员。

（二）教练员注册

每年一次。具体按中国足协通知办理。

专职教练员在中国足协注册，兼职教练员在会员协会注册。

教练员注册可由俱乐部统一办理，也可由体委代办，或教练员个人申办。

专职教练员填报“教练员注册表”一式三份寄至中国足协。除填表外须另附一张一英寸照片。专职教练员由中国足协批复一份，留档一份，送会员协会备案一份，并发给教练员证。兼职教练员由会员协会批复一份，留档一

① 何志林．奥林匹克足球[M]．北京：人民体育出版社，2001.

份，送中国足协一份（可以是复制件），并由中国足协发给教练员证。[①]

按规定交纳注册费。执教职业或半职业队的教练员应当在敬业态度、为人师表、乐于探索、逻辑思维能力、训练方法知识、训练与比赛原则知识以及激发动机能力方面有一定的素养并有不断改善的执着追求。

（三）运动员注册

对各级运动员按年度实行分级注册，并颁发比赛许可证。运动员注册以俱乐部为单位在所在地会员协会注册。

（1）填报“运动员注册表”一式四份，寄至所在地会员协会。除注册表贴照片外另附一张一英寸免冠照片。

（2）属于职业或半职业运动员者，会员协会将注册表一份存档，三份寄至中国足协。中国足协批复后，一份存档，两份退回会员协会（其中一份转俱乐部），并发给运动员会员证。

（3）运动员注册和领取比赛许可证，可同时进行，亦可分别进行。办理比赛许可证的截止时间是该项比赛开始前两个月，许可证有效期限与注册有效期相同。比赛许可证由主办比赛的协会核发，其中职业或半职业运动员的比赛许可证，由中国足协与法人代表签订比赛许可证合同的基础上办理，业余运动员比赛许可证由比赛主办协会办理，特高一级比赛许可证者可参加此级别以下的比赛，但须符合年龄规定。

（4）运动员注册时应了解注册的有关条例和规定，由本人字迹工整地逐项填写四份注册表并签名（未成年队员可由父母或监护人代签），同时应有俱乐部负责人的签名，注册表涂改无效。比赛许可证丢失者必须申报补发。

（5）职业或半职业运动员是指与俱乐部签订职业或半职业工作合同的运动员，因此注册时应交验与俱乐部签订的合同书。业余运动员系指未签订合同的运动员，该运动员注册时应交验俱乐部运动员会员证。

（6）运动员注册和获得比赛许可证后，在注册协会管理范围内，可代表某一俱乐部，在任何地区和范围内参加相应的比赛，亦可加入由省级协会组织的省临时代表队参赛。超越注册协会管理范围者，必须办理转会手续和重新生册，而后方可代表协会管理范围内的某一俱乐部参赛。在同一协会范围内的转会，不需重新注册。但新年度注册时应注明原先注册情况，并呈交转会证明。会员协会也应对俱乐部转会费的支付情况进行核查。

---

① 刘平江，相建华，王佃娥，王良玉．体育俱乐部的经营与管理（第3版）［M］．北京：北京航空航天大学出版社，2017.

(7)一名运动员在同一时期内只能作为一家俱乐部的会员在一个协会注册。如果发生作为两家俱乐部会员或在两个协会注册情况,第二次注册自动无效。

(8)凡注册的运动员必须服从中国足协组建各级国家队的调遣。如有违反,将视情况给予运动员或该俱乐部停赛或吊销许可证的处分。

(9)各个级别男女运动员注册时应有年龄证明。不符合规定年龄者,不准参加该项正式比赛。

(10)外籍运动员注册和领取比赛许可证均按上述有关规定办理,但必须持有国际足联印制该运动员所属国家协会负责人签署的转会证明。转会证明由俱乐部保存,其影印件交注册协会和中国足协存档。

(11)比赛许可证丢失或损坏及俱乐部或运动员级别发生变化者,必须更换新的比赛许可证。

(四)裁判员注册

每年一次,具体按中国足协裁委会通知办理。裁判员的注册手续由其所在地方裁委会办理,注册表由中国足协裁委会统一制作。①

(1)执行中国足协裁判委员会关于裁判员注册管理办法的规定。按规定交纳注册费。

(2)国际裁判员、国际助理裁判员、国家级裁判员、国家级助理裁判员在中国足协裁委会注册,并在地方裁委会备案。国家一级以下(含一级)裁判员在地方裁委会注册,并在中国足协裁委会备案。

(3)各级足球裁判员必须属于某一地方裁委会,并由地方裁委会统一办理注册。中国足协裁委会不办理个人注册。

(4)裁判员注册时应了解注册的有关规定,由本人字迹工整地填写两份注册表并签名,同时应有地方裁委会负责人的签名和盖有地方足球协会(或体委、行业体协、直属体院)的印章,注册表涂改后无效。

(5)只有经过正式注册和持有裁判证书的各级裁判员,才有获得参加中国足协及会员协会举办的任何足球比赛裁判工作的资格。中国足协裁委会和地方裁委会对各级裁判员的管理应包括:a. 指派参加比赛的裁判工作;b. 裁判业务、理论、英语、体能的培训和考核;c. 组织思想教育和职业道德的学习;d. 中国足协主办的全国各级正式足球比赛、商业性比赛,以及会员协会、会员俱乐部主办的双边以上商业性比赛的裁判员,由中国足协裁委会

① 刘平江,相建华,王佃娥,王良玉. 体育俱乐部的经营与管理(第3版)[M]. 北京:北京航空航天大学出版社,2017.

统一选派。[1]

(6)凡经注册的各级裁判员必须遵守中国足协及其会员协会举办的各级足球比赛的各项规定和中国足协裁委会制定的有关规定，如有违反，将视情节给予以下处罚：①通报批评。②停止数场执法工作的资格。③降级。④停止终身执法工作的资格。

(7)本规定的解释权属中国足协裁委会。

(五)转会

中国足球协会在接到转会申请和申报后，将运动员列入公布的转会名单，只有列入转会名单的运动员才可以转会。必要时可以增加公布转会名单的次数。

凡转会运动员，需中介机构参与。具体事宜办妥后，报中国足协批准，公布转会名单。

① 《湖北省体育年鉴》编辑委员会．湖北体育年鉴 1996—1997[R]．湖北省体育局，1998.

第五章　体育产业外围层的建设与管理

体育产业是以市场体系的方式存在的，孤立的体育主体市场无法支撑体育产业。围绕体育主体市场，还存在着与之相关的外围市场，如体育用品、体育经纪、体育彩票、体育信息传播、体育金融保险、体育旅游及其相关市场，等等。外围市场主要是为体育主体市场提供服务的，其中有的是体育主体市场分支业务的专门化发展而来的市场，有的则是为了满足体育主体市场发展而产生的、并随着体育主体市场的壮大而逐渐专门化的业务市场。多数体育周边市场都与其他行业和专门市场有交叉部分，因而其存在的形式和运行特点也因具体业务而各有特色。目前学术界对其中部分市场的性质及其是否成立等问题还有争议，在此做一简要介绍。① 从产业角度来看，体育教育、市场化进程都应加速发展。本章分别从体育用品、传媒业、广告业、彩票业、旅游业四个方面分析体育产业在不同市场中的发展以及表现。

第一节　体育用品业的建设与发展

一、体育用品概述

（一）体育用品的含义

体育用品是指用于开展体育活动，又具有体育特性的各种物品的总称，如体育服装、鞋帽、场地、器材、设备等。

① 柳伯力，廖川江，张超慧，等．体育产业论[M]．成都：四川科学技术出版社，2008.

目前我国开展的正式体育运动项目为99个,加上各种民族传统体育项目、各种民间体育活动、各类体育运动项目的数量达上千种。这就使体育用品的概念在向多元化方向发展,如在“大众健身运动会”上,自行车比赛中使用的自行车,劈树桩比赛用的斧子等就是普通日常用品,就很难对其界定。体育用品不仅包括了运动员参加各类体育比赛,运动训练时使用的专门体育用品,而且也包括大众健身活动、运动休闲时使用体育用品,如穿着轻便舒适、便于运动、随意简约的运动休闲服装、旅游运动鞋。体育用品与日常生活用品之间的界限也显得越来越模糊,如T恤衫、弹力裤、旅游鞋等方便于体育活动,适合多种场合使用的都属于运动休闲用品一类。有人干脆将其统称为运动休闲用品。①

体育用品的地位和作用主要体现在如下几个方面:

第一,体育用品为体育项目的发展提供了有力的支持。

第二,体育用品在支持中国体育事业发展,培育体育用品市场,拉动内需,引导消费,扩大就业,调整经济结构和促进经济增长方面有明显的作用。

第三,体育用品对自身市场发展的促进作用。体育用品市场品种繁多,生产企业已形成市场竞争格局,这对推动中国体育用品业的发展,提高中国体育用品质量,促进体育用品更新换代,振奋民族品牌以及增进国际间交流等发挥了积极作用。

(二)体育用品的分类

根据体育用品的功能和用途,体育用品可分为以下几大类。

(1)运动服装类。运动服装类主要是指用于体育活动的运动服装、鞋、帽等。根据各种运动项目又可以进行细分,如篮球服、篮球鞋、游泳装、体操服等。

(2)球类器械设备类。球类器械设备类主要是指用于各种球类活动的球和设备,如篮球、足球、排球、乒乓球等及其设备。

(3)健身器械类。这一类体育用品主要指的是供健身爱好者提供的各种器材和设备,如动感单车、划船器、跑步机等都属于这一类型。

(4)娱乐及场馆设备类。娱乐及场馆设备类主要包括三大类:①体育娱乐设备和器材;②棋牌类用品;③体育场地设备和器材,如篮球场、足球场、高尔夫球场的设备,体育馆设备和器材,如记分牌、座椅等。

① 席玉宝. 中国体育用品产业与市场实证研究[M]. 北京:北京体育大学出版社,2006.

(5)体育科研测试仪器类。主要是为测量人体形态,分析人体运动技能而研制的体育器械。如弹跳仪就属于这样一种器械。

(6)户外运动品类。主要指的是人们参加户外运动所需要的各种器械和设备,如登山鞋、护目镜等。

(7)渔具系列类。渔具系列类主要是指用于钓鱼活动的渔具,如钓钩、钓竿、渔线等。

(8)运动装备及奖品类。运动装备,主要是指运动者在运动场所和户外旅游、休闲活动时所使用的一些用品,主要包括运动包箱和其他运动配具。体育奖品、体育纪念品,主要指体育竞赛中优胜者获得的奖杯、奖章和双方为增进友谊而互相交换的队旗、队徽、纪念章、纪念卡等带有浓郁体育色彩的纪念品。

(9)运动保健品类。指的是为运动者提供的能补充能量的各种饮品或营养品等,市面上常见的一些运动饮料就属于这一类型。①

(10)裁判员及教练员用品类。指的是裁判员及教练员用于发出指令和记录比赛以及训练情况的用品,如记分牌、计时器等就属于这一类型。

(三)体育用品的属性

目前,我国体育用品产业与市场中存在着多头管理、部门职责不明、各种关系没有理顺的状况,其主要原因之一是对体育用品概念与分类认识上的模糊。概念是反映思维对象本质属性的思维形式,所谓本质属性,就是该类事物的每一对象必须具有的,决定事物之所以成为该事物并区别于其他事物的共同属性。认识体育用品首先要认识其本质属性。体育用品作为体育运动时专用的特殊用品,从体育用品生产领域、消费流通领域和体育运动领域的使用过程中考察其属性,它不仅具有一般物质用品属性,而且具有其一定的本质属性。②

体育用品具有高消费品的属性。体育用品在产品类别上属于消费品范畴,一方面由于体育运动属于力量型的活动,对体育用品的损耗程度大,更新换代的速度较快;另一方面由于体育用品不是生活必需品,而是属于发展、享受型的生活消费品。③

① 李享.休闲与旅游统计研究[M].北京:中国旅游出版社,2008.

② 席玉宝.中国体育用品产业与市场实证研究[M].北京:北京体育大学出版社,2006.

③ 李万来.体育经营管理概论[M].北京:人民体育出版社,2006.

二、体育用品的生产及管理

（一）体育用品生产过程

体育用品生产同其他的工业产品生产类似，是体育用品企业一项基本的活动，是企业一切活动的基础。体育用品的生产过程是指从准备生产开始，经过一系列的加工到成品生产出来为止的全部过程。在生产过程中，主要内容是人的劳动过程，即劳动者使用劳动手段直接或间接地作用于劳动对象，使之按人们预定目的变成体育用品的过程。

根据体育用品生产过程中各个阶段体育用品所起作用的不同，生产过程可以分为：生产技术准备过程、基本生产过程、辅助生产过程、生产服务过程等几个部分。① 这几个过程都非常重要，体育企业在产生相关体育用品时一定要加强以上几个环节的管理。

（二）体育用品生产过程管理

体育用品的生产管理是根据体育用品生产企业的特性及生产经营规律，按照体育用品市场反映出来的社会需求，对体育用品企业的生产活动进行计划、组织、指挥、控制、协调和激励，充分利用各种资源，实现经营目标，不断适应市场变化，满足社会需求，同时使企业自身发展和职工利益得到满足的一系列活动。

为保证生产的顺利进行，加强生产过程管理，必须做到：

(1)加强人员的培训，提高管理人员的管理水平，提高岗位操作人员的操作技能，掌握工艺流程和设备安全操作规程。

(2)加强物料管理，把好入口关。必须坚持不合格原料不投产，不合格半成品不接收的原则，车间与车间之间，班组与班组之间的物料周转，一定要交接清楚，以确保每个工序的产品质量都能得到可靠的保障。原料、半成品的物料状态标识要清楚，内容齐全，物料码放整齐、有条不紊，投料、发料都要认真复核，核对无误后才可放行。②

(3)严格控制工作环境，要达到一定洁净度级别的要求，以减少人、物料及环境对产品的污染。此项工作的重点是一要做好人净物净，二要加强工艺卫生工作。

---

① 王燕．现代企业管理[M]．北京：北京理工大学出版社，2012.

② 李万来．体育经营管理概论[M]．北京：人民体育出版社，2006.

(4)完善工艺规程和岗位标准操作规程,各车间对每个岗位的具体规程要求要根据实际情况进行修订,使之更具有指导作用。

(5)加强生产过程的监督工作,特别是重点岗位、重点人员的监督,以强化操作人员的质量意识,充分发挥质量管理部门的职能和权威性,把产品质量控制在制造过程的每一个环节。

三、体育用品的开发管理

(一)体育用品开发的含义

体育用品开发是指体育用品生产企业依据市场的变化,为了在竞争中赢得主动,通过各种手段设计新产品的过程。新产品的开发反映了一个企业的市场反应能力和产品创新能力,同时也是企业综合素质的重要体现。只有不断地找准市场方向开发新的产品,企业才能保持活力,才能在同行业的竞争中立于不败之地。①

(二)体育用品开发的种类

市场营销中体育用品的开发,是对现有体育产品的改进、改革或创新等。综合起来,体育用品的开发大体上可分为以下四种类型(见图 5-1)。

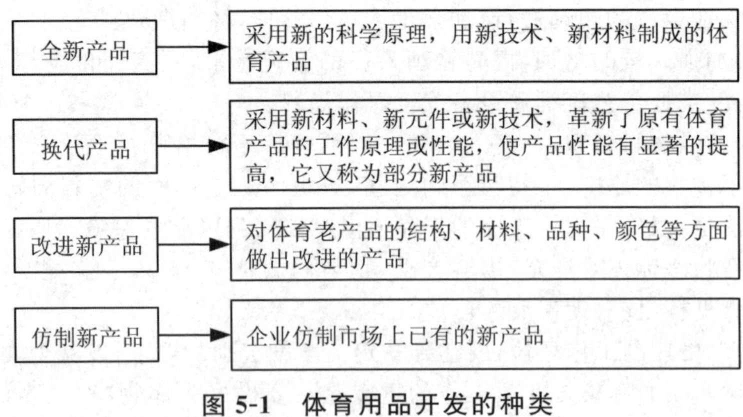

图 5-1 体育用品开发的种类

① 曹亚东,李军岩.体育产业经营管理[M].西安:西安交通大学出版社,2015.

其中,体育全新产品包容的科技含量越来越高,投资多,费时长,风险大,一般的企业难以开发。例如,首次推出的健身跑步机等。换代产品,如健身跑步机已发展成多功能电脑跑步机就是换代产品。仿制新产品受专利权等知识产权的限制,在仿制时往往需要作一些修改。

(三)体育用品开发的要求与方式

1. 开发的基本要求

(1)有市场。有无市场是企业新产品开发决策的关键。因此,开发新产品必须作好对市场需求的调查分析和预测。[①]

(2)有特色。所谓特色,就是要有新的性能、新的用途或新的样式等。在同类体育产品中,创出自己的产品特色,使消费者感到这种产品与众不同,才能激发他们的购买欲望。目前,李宁体育用品集团公司、康威体育用品公司和青岛英派斯健身器材有限公司等一批知名体育用品公司都在力创各自产品的特色,从而在消费者心目中留下深刻印象。

(3)有能力。确认某种新产品有市场后,就要认真分析企业开发这种新产品的实力,包括企业的技术力量、生产条件、资金和原材料供应等。要尽量避免因能力不足而勉强上马,结果在中途被迫下马而造成损失。

(4)有效益。有效益包括有经济效益和社会效益。目前,我国体育用品类产业基本上可做到两个效益并重,因为这方面的市场法则和法规条例已趋成熟。

2. 开发的方式

(1)独立研究开发。独产研究开发就是企业依靠自身的科研技术力量研究开发新产品。这种方法需要投入较大的人力、财力和物力,费时较长。

(2)协作研究开发。协作研究开发就是通过企业与企业、企业与科研机构或高等院校(体育运动学校)之间的协作来发展体育新产品。目前,我国已采取多种措施,鼓励科研机构、高等院校、体育运动人才培训中心与企业、体育俱乐部等联合,为开发体育新产品创造较好的条件。

(四)体育用品开发的程序

体育用品的开发过程一般都要经过构思、筛选、形成产品概念、商业分

---

① 李伟民．体育营销导论[M]．北京:龙门书局,1998.

析、产品开发、市场试销和正式上市等七个步骤。

(1)构思。构思是任何新产品开发的起点,是对未来新产品的基本轮廓架构的设想。企业寻求新产品构思必须有一套系统的规定。新产品构思有许多来源,从企业内部看,企业科技人员和市场营销主管人员是主要来源。

(2)筛选。构思完成以后,企业必须根据自身的资源、技术和管理水平等对构思进行筛选。选出好的构思进一步开发,剔除不好的构思。构思的筛选要防止两种偏向:一是对好的构思在没有论证之前轻易放弃;二是对不好的构思轻率采纳。正确的筛选应该根据企业内外部的具体条件,全面分析衡量,谨慎地决定取舍。当然,并不存在一套标准能适用于所有类别的体育企业,各企业都要根据自身的具体情况去确定筛选标准。

(3)形成产品概念。经过筛选后的新产品构思,还要进一步形成比较完整的产品概念。它包括产品概念发展和产品概念测试两个步骤。

(4)商业分析。对体育用品概念的发展和测试完成后,还要详细分析该体育用品开发方案在商业领域的可行性。

(5)产品开发。经商业分析如有开发价值,就可进入具体的体育产品的实际开发阶段。这表明企业要对此项目进行投资,并进行一系列后续工作。此外,对体育非物化产品还要建立或测试构成此产品的有形要素。

(6)市场试销。对于体育有形产品来说,当新产品研制出来后就要投放市场去试销,因为消费者对设想的产品同实际产品的认识可能会有些偏差,有些新产品甚至会遭到被淘汰的命运。

(7)正式上市。试销成功的体育新产品即可批量投产上市。在正式上市时,企业应制定四项基本决策:体育新产品的推出时机;体育新产品的推出地点;体育新产品的目标消费者;体育新产品的营销策略。

四、体育用品营销管理

作为体育用品的消费者,我们到体育用品商店里可以看到琳琅满目的体育用品,只要想要并且有支付能力,就可以把它买回去。我们不仅可以买到本地或外地的体育用品,还可以买到国外的体育用品,而这一切都归功于营销渠道把体育用品的生产者和数量众多而分散的消费者连接起来。

(一)专卖店营销模式

体育用品专卖店是指某一品牌的体育用品或某一类体育用品的专营零

售店，它是体育用品生产者或经营者建立企业形象、品牌形象的有利场所，是直接利润与信息的来源，是与消费者沟通的平台，也是员工培训的基地。

专卖店管理运作系统主要包括管理系统、信息系统和物流系统。管理系统的主要职能是明确专卖店管理责任及考核标准，制订有关约束措施。信息系统的主要职能是分析货品销存情况。物流系统的主要职能是对货品的采购与供应。①

（二）连锁营销模式

连锁营销模式下必须要弄清其中的权利义务关系。连锁店将以独立的法人资格和集团公司（总公司）签订《连锁加盟协议书》，明确双方的权利义务关系。

1. 集团公司（总公司）的权利

（1）集团公司拥有商标、管理手册和信息系统软件的所有权，在双方解除合作协议关系后，集团公司有权收回商标的使用权、管理手册和信息系统软件的使用权。

（2）集团公司根据合作协议，收取连锁店的连锁经营指导费和连锁经营管理费。

（3）当连锁店出现严重损害集团公司利益和名誉的事件时，集团公司有权终止双方的合作协议并保留追究对方责任的权利。

2. 集团公司（总公司）的义务

（1）集团公司与连锁店共同协商制定发展方向和规划。

（2）集团公司有义务协助连锁店导入营销管理系统。

（3）集团公司有义务协助连锁店按照管理手册进行管理模式和管理流程的导入。

（4）集团公司以市场优惠价格供货，并优先给连锁店提供货源保障。

（5）集团公司将提供综合的业务支持，包括提供市场信息，对连锁店给予人员培训、一定额度的广告促销支持等。

3. 连锁店的权利

（1）连锁店具有独立法人资格，并有权按照协议的规定行使对连锁店业务、财务的管理权。

---

① 李万来．体育经营管理概论[M]．北京：人民体育出版社，2006.

(2)连锁店享有集团公司的品牌、信息系统和管理手册的使用权。

(3)连锁店有权享受整个集团公司连锁经营体系的产品资源,有权获得集团公司的管理培训。

(4)连锁店有权获得集团公司按照协议规定的综合支持。

(5)在协议到期时,连锁店有权优先续约。

4. 连锁店的义务

(1)连锁店有义务维护集团公司的品牌形象,保护集团公司的知识产权和商业秘密。[①]

(2)连锁店有义务服从集团公司统一的供货管理。

(3)连锁店有义务开拓市场,努力完成市场销售目标。

(4)连锁店有义务按照管理手册规定的规范要求进行管理。

(5)连锁店有义务配合集团公司的检查监督,按照管理手册的格式传输各类报表与信息。

(6)连锁店有义务配合集团公司采取的市场战略行动。

(7)连锁店有义务按时交纳相关费用。

(8)连锁店在与集团公司解除合作协议后,不得向第三方泄露集团公司的商业秘密和相关信息,否则就会受到法律的追究。

五、体育用品市场发展

(一)体育用品市场的基本特征

(1)体育用品市场大,消费者数量多,需求多样化。因此,经营者要下大功夫研究体育用品或服务的内容,研究体育消费者及其消费动机和行为。

(2)通常情况下主要以个人、家庭和团体为单位参与体育用品的消费。

(3)体育用品或服务具有非常大的伸缩性,除了受消费者经济条件的影响外,还受到消费者个性特点、运动喜好等方面的影响。为此,体育企业要做好充分的产品研发与营销的准备。

① 李万来. 体育经营管理概论[M]. 北京:人民体育出版社,2006.

(4)大多数体育消费者对体育用品或服务缺乏一定的专门知识,他们往往凭个人的感觉、感情、别人的影响而消费。

(5)体育用品市场受社会体育环境、经济发展水平影响较大。

(二)我国体育用品市场发展的基本策略

(1)不断提高我国体育用品的产品档次,争创国际名牌。

(2)积极拓展与其他行业相交叉的新兴体育用品市场。

(3)进一步增强与国外体育用品企业的交流与合作。

第二节 体育广告业的建设与发展

一、体育广告业的发展现状

(一)当今体育媒体存在单一化的问题

据调查发现,目前我国大部分商家在选择体育媒体时都比较盲目,致使所投入的广告缺乏目的性和针对性,不利于体育广告的宣传。发展到现在,可以说整个社会已成为一个信息化社会,各种网络技术都得到了广泛的利用。为促进体育广告业的发展,采用网络技术也成为大势所趋。

(二)体育广告业的市场规模不大

近些年来,我国的体育广告业取得了一定的发展和进步,但与发达国家相比仍然存在着不小的差距,具体表现在产业规模较小,没有获得独立的发展。在今后的发展过程中,我国的体育广告行业需要不断扩大体育广告的市场规模,力争获得更为快速的发展。

(三)大部分体育广告设计缺乏创新性

一个好的广告创意能激发人们产生购买的欲望和动力,因此提高体育广告的设计能力是非常重要的。总的来看,当前广告创意的主要表现形式为带有文字图像的广告商品,一个极具创造力的广告能产生较大的影响力,从而推动体育产业的发展。

总体来看，我国在体育广告的创意设计方面还是比较欠缺的，大部分的体育广告仅仅只是凸显体育产品，而欠缺创意，难以引起人们的注意，更不用谈购买欲望了。因此说欠缺创意的广告是难以获得理想的广告效果的。

二、体育广告的经营策划

体育广告的一重要原则是恪守诚信、与人为善。体育业务经营重要的公关活动就是要同企业保持经常联系。不管企业经营情况盈利还是亏损，也不管企业是否有广告宣传，都要与其保持密切沟通与联系。适当进行“感情投资”“以诚待人”，这样可取得企业的好感并建立相互的信任，从而为今后的业务往来打下基础。千万不能有事有人，无事无人。

（一）广告主的选择

在确定目标企业时，需要考虑以下四方面的因素。

（1）了解企业情况。提供竞争企业在市场上的占有率及相关信息；为企业拟定广告策略和广告计划提供合适的社会化媒体；使企业把体育广告赞助列入活动计划。

（2）企业产品与体育运动的关系。

（3）了解企业领导人的个性心理特征及爱好。对体育广告经营单位来说，注意到细致的方面对取得广告赞助是很有利的。

（4）了解企业的宣传需求。如果你想了解广告主，那就从他们的角度去看。如果你能看得越多、越深，你最终会发现：企业是精明的，他们舍得花钱，但是同时会衡量着投入和回报。体育企业在进行产品宣传时，既要注重产品的差异化营销，又要广撒网，努力做好所有产品的宣传，争取获得更大的市场占有率，以上做法的主要目的都是为了企业投资回报最大化。

（二）体育广告的营销方式

营销是选择目标市场，并通过创造、传播和传递更高的顾客价值来获得、保持和增加顾客的一门艺术和科学。一般来说，体育广告的营销方式主要有以下几种：招商、广告、游说、主动出击、中介机构代理、行政手段，行政机构有时会对体育企业的一些广告行为作出一定的干涉，如一些具有较大社会影响力的体育赛事的举办（奥运会、亚运会、全运会等）会给举办地的社会带来重要的影响,所以政府会给予较大的支持。我国目前的体育广告营销中的行政痕迹比较明显。①

三、体育广告业的管理策略

(一)加强行业间的沟通与交流

过往的事实与经验表明,加强体育企业间的沟通与交流是非常有必要的。实际上,在最初的活动中,体育广告单位都能与客户或目标保持密切的关系,但在签订完合同之后这种关系就不如以前密切,甚至很少有来往。这对于我国体育广告业的发展是十分不利的。

体育广告经营单位与企业之间存在着正式沟通与非正式沟通两种形式。正式沟通主要针对的是一些重要事件或紧急事件;而非正式沟通则主要解决的是小范围内的事件。但不论是哪一种,都需要体育广告经营单位引起重视。只有如此才能实现共赢,获得共同发展。

(二)做好体育广告的危机公关

任何广告严格来说都存在着一定的风险,因此体育企业要树立必要的危机意识,注意风险的防范。

首先,体育广告经营单位要加强体育活动的管理。一方面,在选择合作伙伴时,要选择那些社会形象较好、经济效益较好的企业,以避免出现资金纠纷问题;另一方面,体育广告经营单位应该监督企业利用体育媒介开展的营销活动,如果出现违规现象就要立即停止活动。

其次,企业要与体育广告经营单位保持密切的联系,要事先制定解决各种问题的对策。这样才能在问题发生时作出及时的反应与处理。

(三)预防各种埋伏营销

埋伏营销的企业在一定程度上能迷惑消费者,让消费者误以为他们就是某项体育赛事的广告主,但实际上他们并没有向体育广告经营单位支付任何费用,因此这一做法属于不正当竞争。体育广告企业要引起重视,以避免这些埋伏营销的企业给自己带来不必要的损失。

---

① 钟天朗. 体育经营管理 理论与实务 第3版[M]. 上海:复旦大学出版社,2017.

1. 埋伏营销的种类

(1)通过体育比赛本身展开埋伏营销。如组织与某项体育赛事相关的抽奖竞猜活动,消费者会误以为该企业属于本项赛事的赞助商。

(2)通过电视广告展开埋伏营销。如在体育赛事期间投放大量的与体育赛事有关的广告,让消费者误以为其是体育赛事的赞助商,进而从中谋取利益。

(3)通过赞助电视转播展开埋伏营销活动。在体育赛事举办期间,一些企业会通过赞助电视机构的途径与体育赛事构成一定的关系,不了解的观众会误以为该企业为体育赛事的赞助商。

(4)赞助运动队或运动员。有一些体育企业通常会绕开运动组织私下与运动队或运动员沟通,对其进行赞助,但他们并不向组织者支付任何费用。这非常不利于正当竞争。

2. 埋伏营销的危害

埋伏营销之所以会屡禁不止,其主要原因在于通过这些营销活动能为他们带来丰厚的经济利益,但会给正规的体育企业带来一定的经济损失,甚至还会造成一定的市场混乱,属于一种不正当竞争行为。

具体而言,埋伏营销的危害主要体现在以下方面。

(1)对体育广告经营单位的危害。①会在一定程度上打乱体育广告经营单位的发展规划,导致其无法获得预期的经济效益。②不利于体育广告经营单位的筹资,不利于体育活动的开展。

(2)对赞助商的危害。①迷惑赞助商的广告受众,造成一定的客户流失。②造成广告主无法获得预期的利益,不利于双方之间今后的合作。

3. 埋伏营销的防治

(1)政府部门方面。国家工商总局对广告用语作出了一定的规定,能帮助消费者清晰地识别体育企业与体育赛事之间的关系;另外还制定一些关于电视转播的相关文件和处罚措施,这些都对预防埋伏营销具有积极的作用。

(2)企业与赞助商方面。首先,树立严厉打击埋伏营销的思想,企业与赞助商加强合作;其次,加强与政府部门之间的联系,预防埋伏营销;最后,体育企业要与赞助商加强配合,配合有关部门打击埋伏营销。

（四）建立相关的法律制度体系

随着现代社会的不断发展，广告管理必须要走上法制化的道路，建立一个健全的法律制度体系，这样才能保证广告事业的健康发展。

1. 宣传方面的法律管理

广告宣传是指客户为达到某个目的而利用各种媒介向社会公开传递信息的一种行为。发展到现在，广告随处可见，充斥着人们的日常生活。广告主或赞助商在进行广告宣传的过程中一定要注意宣传内容的真实性和合法性，如果触犯法律就要承担相应的责任和惩罚。

2. 经营方面的法律管理

与国外相比，目前我国体育广告业的发展还很不完善，在各个方面都存在着不足。尤其是在法律方面还存在诸多问题，需要进一步加强管理。

(1)体育广告经营单位的广告计划要报其所在的省、自治区、直辖市的工商行政管理局及有关部门批准。而大型国际比赛的体育广告则要经国家工商行政管理局的批准才能投放。国家及地方部门要严格审查体育广告经营单位的体育广告，确保不出现问题。

(2)体育广告经营单位投放广告要讲究收支平衡的基本原则，要勤俭节约，不能随意加重企业的负担。

(3)体育广告经营单位要做好广告费的收支管理，做到专款专用，精准投放，一切广告投放活动都要严格按照国家制定的规章制度执行。

第三节　体育传媒业的建设与发展

一、体育传媒的相关概念

（一）大众传媒

大众传媒是一个重要的传播途径和载体，报纸、广播、电视等都属于大众传媒的类型。大众传媒曾经在很长的一段时间里发挥了重要的作用，但随着网络时代的来临，传统的大众传媒受到了极大的冲击，但也不会轻易消失。

大众传媒具有一定的时效性和敏感性。当前社会已进入一个信息化社会，在这样的社会背景下，人们需要通过各种各样的大众媒介获取详细的新闻资讯和资料。因此大众传媒呈现出一定的时效性和敏感性特点，但与信息化时代的现代传媒相比，大众传媒的时效性不足，在这一方面大众传媒处于明显的劣势。

（二）体育传播

体育传播的特点主要体现在以下几个方面。

1. 全覆盖性

当前，电视、网络等媒体的传播越来越发达，各种信息的全球共享逐步实现，受其影响，人与人之间的沟通与交流日益频繁和密切，地球逐渐成为“地球村”。

伴随着体育赛事的日益增多，观赏者也越来越多，通过发达的网络，不同国家、不同民族的人能同时欣赏到高水平的体育赛事。所以说，体育传播具有全覆盖性的特点。

2. 全天候性

在传统的媒体中，播放时间受限是难以避免的，但是在现代网络信息时代，这一问题得到了有效的解决。通过网络直播技术，全世界各地的人们能够在同一时间观看各种体育赛事。随着时代的不断发展，出现了大量的新媒介，这极大地提升了体育传播的速度，方便了人们及时了解体育信息。这在以往是想象不到的一件事情。

3. 全景式性

在传统的大众传媒下，人们基本上是通过文字和图片来获得各种体育信息的，但在新媒介出现后，通过各种网络信息技术的利用，人们能欣赏到各种音频和动态的画面，获得良好的观赛体验。这一全景式性的观赛体验是以往传统体育赛事直播所不具备的。

二、体育产业的文化焦点——体育传媒业

体育传媒是指对体育活动，特别是体育竞赛表演，如重大赛事的比赛场

面、比赛情况转播给观众的信息传播媒体。它主要包括报刊、广播、电视、因特网等传播媒介机构。目前,各级各类电视台、广播电台开设了专门的体育频道或栏目,各类专业性体育期刊、报纸、杂志的出版发行。由此构成了规模宏大的体育信息传播业,体育传媒行业获得了极为迅速的发展。体育传媒业可以说是体育价值观的文化载体,对于体育文化内涵的宣传与弘扬起着非常重要的作用。通过体育传媒业,社会公众能激发参与体育运动与消费的热情。

按照国际惯例,体育赛事的传播权应归体育组织者所有,体育传播机构需要拍摄比赛场面,传播比赛信息给观众,并从播出广告中受益,就应当向组织者购买其转播权,如奥运会电视转播权的拍卖等。

虽然规定电视机构必须购买转播权后才能转播体育竞赛表演,但是中央电视台仍然对奥运会、亚运会、世界杯足球赛、全运会等的转播具有独家购买权。实际上形成了买方是垄断的市场结构,限制了部门内部的竞争。

此外,2002 年国家体育总局收回了部分项目管理中心的电视转播权,由宣传司统一管理。特别是中国足球协会,委托主播台制作赛事节目并提供电视信号,规定只有向中国足球协会购买采访权、转播权的单位或组织,才具有使用权。职业联赛的经营方式一般是由全国性单项协会负责赛事的冠名权、全国性电视转播权和部分场地广告业务。联赛结束后协会将部分经营收入分配给会员俱乐部。①

三、体育传媒业的发展概况

伴随着体育赛事的日益发展,体育传媒业获得了相应的发展,大量的体育传媒手段被充分利用,除了传统的体育报刊、电视转播外,网络全景直播成为信息化时代体育传媒发展的一大标志。可以说,体育传媒的出现不仅能快速地传播体育信息,还能极大地丰富人们的精神文化生活,具有良好的社会效益。总的来看,目前我国的体育传媒业还是一个新兴的朝阳产业,具有较大的发展潜力。在大型体育赛事举办期间,为了满足广大体育爱好者的需求,大多数的体育传媒都通过专版、专题来报道体育赛事信息,分析赛事进展。

① 胡爱本．体育产业概论[M]．上海:复旦大学出版社,2004.

近些年来，越来越多的国外体育传媒巨头开始进入中国市场，一部分学者认为国外体育传媒的介入对于我国体育传媒业的发展是有利的，这样我们可以借鉴发达国家体育传媒业的成功经验来推动我国体育传媒业的发展。而另一部分学者则认为国外体育传媒的介入会对我国体育传媒业的发展构成威胁。实际上，这两种观点都没有错，需要我们以辩证的眼光看待。总之，为推动我国体育传媒产业的健康发展，我们应该抓住这一历史机遇，取长补短，努力推动我国体育传媒业的发展。

四、体育传媒业的运营策略

关于体育传媒业的运营，我们可以充分借鉴其他行业的发展经验，采取以下策略。

（一）加强体育传媒业相关体制的改革

体育传媒业的运营讲究一定的方式和方法，选择的营销手段一定要合理和有效，在运用各种营销手段的过程中，工作人员能自觉地参与各种活动，提高工作的效率。体育信息的传播，内容是关键，传播的体育信息一定要真实和及时，能彰显新闻报道的价值。

体育传媒业要想获得健康快速的发展，需要时刻遵循体育运动的发展规律以及国际体育组织的有关规定，然后与时俱进地进行必要的改革，努力提升赛事报道的即时性和有效性。这样才能真正推动体育传媒业的健康发展。

（二）遵循规律，满足多元化需求

加强体育传媒市场的规范化管理是非常重要的，这就需要从业人员建立一个和谐有序的体育媒介市场，工作人员一定要汲取其他行业或其他国家的先进经验，并结合自身的特点构建体育媒介市场。除此之外，还要树立正确的市场营销观念，明确不同阶段的工作任务与重心，结合体育产业市场发展的实际开展各种工作或活动。

在报道各类体育赛事时，要针对不同观众的需求利用各种途径和手段进行传播，要不断提升报道画面质量，重点报道体育赛事关键信息，吸引大众的注意力。

第四节　体育彩票业的建设与发展

一、体育彩票概述

（一）体育彩票的含义及性质

截至目前，全球发行彩票的国家有100多个，遍及五大洲，加入国际体育彩票联合会的国家有30多个。

体育彩票市场作为体育主要关联市场之一，是因为它是直接通过以体育某一运动项目为名的经营销售活动。体育彩票市场是通过销售有可能中奖的凭证，吸纳社会闲散资金，为体育事业发展获取经费来源的市场。然而，对于体育彩票市场必须要有严格的法律和规章控制，因为在体育彩票销售过程中，一旦某个环节出现问题，就会严重影响该市场的顺利发展，甚至会使之毁于一旦，这在国内外都有深刻教训的。①

彩票具有赌的性质，人天性好赌，体育彩票正好是利用了这一点，因而具有很大的吸引力。如在人口总数仅百万的新加坡，赛马彩票年销量190万张，人均近两张。国外体育彩票的花样品种繁多，甚至千奇百怪。

（二）体育彩票的种类

我国广州赛马场作为大陆唯一一个赛马场，月发售彩票达30万张。国外发行体育彩票种类繁多，归纳起来分为以下几种。

1. 数字型体育彩票

只要在彩票或体育比赛门票上填好数字，或在规定的时间内随机选择好自己觉得可能中奖的号码，在开奖后即可与开出的奖项号码参照以便知晓是否中奖。这种方式的彩票组织形式简单，购买者操作方便，奖出金额可在组织者的计划之列或在其掌握之中。因为除比赛门票以外的数字彩票购买者大多不是想象中的为支持体育事业作贡献的，而是冲着中

---

① 柳伯力，廖川江，张超慧，等．体育产业论[M]．成都：四川科学技术出版社，2008.

奖的可能性去的，因此对于购买者来说，不论是体育彩票、福利彩票还是其他彩票，并无本质上的区别，只要有较大的中奖面或中奖的可能性高就愿意购买。①

奥运会等多数大型国际比赛发行数字彩票，许多西方国家还采用资金彩票的办法，即在某项或某期彩票截止日期公布各等次的奖金金额，再通过摇奖的方式来确定中奖号码。这种彩票方式的资金有时会高得惊人，如1982年6月19日，在西班牙的一次开奖，首奖为80万美元；同年12月22日在法国的一次开彩，首奖金额达到440万法郎；20年后的今天，体育彩票的中奖金额有时可高达数千万元。而东欧国家则采用实物、奖金混合制，实行低奖和扩大中奖面的办法。为获得更大的经济效益，许多国家采用了即刻开奖的办法，这一种彩票受到很多彩民的欢迎。但这种彩票已成为常年经营手段与体育无关，唯利是图日趋明显。

2. 即开型体育彩票

这种彩票的销售与中奖方法更为简单，即在事先准备好彩票，内印着各种数字和图案，当购买者购买彩票后当场刮开票面上的覆盖，再把票内的数字或图案与事先规定的中奖数字或图案相对照，裁定是否获奖或获奖等级。

即开型的彩票的获奖方式有现金方式，也有实物方式。过去我国曾采用中奖获实物的办法，但因在实施过程中发现这种方法存在一些问题和漏洞，后来又改为现金奖励。西欧国家多采用现金奖励，而一些东欧国家则采用实物、奖金混合制。这种彩票在中奖情况上也多采用低额与扩大中奖面的办法，但用这种方式发行的彩票的购买群体并不固定，买此彩票的更多带有侥幸心理。②

3. 预测型体育彩票

以购买彩票的方式在某些项目的比赛之前预测比赛的胜负、结果或名次，赛后根据购买者判断的准确程度选定中彩者以及奖金额的多少。这种有奖预测主要以球类比赛为对象，尤其是足球比赛更明显。这种方式虽然也存在着偶然因素，但多数判断是有一定根据的，预测者必须对各队的情况全面了解，并作出分析判断。

排除人为因素对比赛结果的影响，比赛的不可预知性，比赛过程中的偶然性和突发性等因素也影响比赛的结果，所以购买这种彩票的中奖难度较

① 柳伯力，廖川江，张超慧，等．体育产业论[M]．成都：四川科学技术出版社，2008.

② 同上．

大，但对比赛结果加以判断和预测的依据是有的。也就是说，此类彩票的购买者需要全面了解参赛各队的实力和队员的水平等具体情况，经过认真仔细分析再作出选择。从这一角度看，此类彩票的购买者大多是真正的球迷和某一体育项目的爱好者，加之购买之后这些彩民又要尽可能地关注比赛情况，所以是宣传体育运动或扩大某项目比赛影响力的一种有效的手段，对于民众关心体育赛事乃至推动体育运动的开展都有着积极的作用。与前两种彩票相比，由于购买预测彩票需要购买者对于此项目或比赛有一定的知识和爱好，因此彩票的销售面相对较窄。

4. 押赌型体育彩票

此彩票以押赌的方式进行，赌局根据已经掌握的有关比赛的各种情况，先列出关于参赛各队胜负的赌注与彩金的比例表。参赌者按照自己的分析判断，押以数额不限的赌注。如果押错了队，所压赌资分文不归。这种形式与其说是彩票还不如说是属于风险性赌博，因为参与这种形式的赌球者一般所下赌注金额都非常大，加之以赌球形式进行的赌博多与黑社会或犯罪团伙有染，因而在我国不宜提倡。①

目前我国体育彩票是经过政府批准和发行的，由个人购买，从而获取奖金的融资方式。通过多年来的发展，我国体育彩票业稳步向前，成为体育产业的重要内容，也为国家国民经济的增长贡献出了应有的力量。体育彩票的主管部门是财政部和国家体育总局，国家体育总局体育彩票管理中心负责拟定彩票发行区域、销售方式与规则，经体育总局审核，财政部批准后实施。这种统一管理、统一发行的模式是典型的垄断式经营模式，但它对控制非法的地下投注活动，维护社会正常秩序和稳定起了积极的作用，这是发行体育彩票国家的普遍做法。

（三）体育彩票的特点

体育彩票是一种商品，拥有商品的属性，但同时又是一种特殊的商品，具有独特的属性。这种特殊性表现在以下几点：公益性、收益性、宣传性、博彩性、娱乐性。体育彩票为社会大众提供了一种与众不同的娱乐方式。购买体育彩票，参加竞猜，会给人期盼中彩的快乐和享受。朋友、亲戚之间交往送上几张彩票或相互切磋中奖号码，有时会带来意外的惊喜，极富娱乐性。体育彩票这种“以小博大”的娱乐方式，既能较好地满足人们在紧张工作之余寻找刺激的需要，又不会造成经济压力，因此为普通大众所接受。同

① 柳伯力，廖川江，张超慧，等．体育产业论[M]．成都：四川科学技术出版社，2008.

时，体育彩票可以满足社会一些民众的竞猜心理，为减少社会上的赌博行为也能起到一定的作用。

（四）体育彩票业的功能

1. 体育经费的来源

在我国，发行体育彩票是国务院为发展体育事业给予体育行业的特殊政策，也是进行体育体制改革和筹集资金资助体育事业发展的重要举措。体彩公益金已成为体育事业真正的“生命线”。

由于发行体育彩票已成为许多国家体育经费来源的重要支柱，一些国家对彩票发行实行法律保护，并且在体育法中明确规定，体育彩票是体育发展资金的重要来源。

2. 大型赛事的融资手段

承办大型体育赛事需要大量资金的注入。伴随着体育事业的不断发展，体育彩票业也获得了迅猛的发展，在很多国家，体育彩票业已成为其体育赛事筹集资金的重要方式。另外，利用体育彩票筹集到的资金还可以用于体育基础设施建设，为人们的日常健身提供良好的保障。奥运会和世界杯足球赛便是通过彩票集资的典型赛事。① 例如，2009 年，青海发行了以“环青海湖赛”和“大美青海”为主题的即开型体育彩票，这也是我国首个以单项体育赛事为主题的即开型体育彩票。

3. 社会财富的第三次分配

从收入分配的角度看，第三次分配的重点性非常突出，它的影响是广泛的，它所发挥作用的领域是市场调节和政府调节力所不及的。由于它带有非功利性和非强制性等特征，有助于促进各部门的协调发展，提高社会生活的质量。

4. 带动相关产业发展和促进就业

体育彩票发行与销售的兴旺，可以带动其他产业的发展，并增加就业岗位。在我国香港，2009—2010 年度，作为全港赛马体育彩票的发行机构，香港赛马会聘用的全职或兼职雇员人数就达到了 26291 人。截至 2014 年 4 月，中国体育彩票向社会提供直接就业岗位约 50 万个。

---

① 曹亚东，李军岩．体育产业经营管理[M]．西安：西安交通大学出版社，2015.

5. 宣传体育的工具

以我国竞猜型彩票为例，该玩法是以欧洲高水平足球联赛和NBA篮球联赛等为竞猜对象，这就要求彩民必须了解各国的联赛情况、各个参赛队伍的实力对比和其他一些外在因素对比赛的影响，通过这个参与过程，可以培养人们对足球的关心和热爱。

二、体育彩票业的发展现状

虽然我国体育彩票业发展的时间并不长，但通过短时间内的发展取得了一定的成效，需要注意的是，我们在欣喜的同时也要清醒地认识到体育彩票业仍然存在不少问题。

(一)发行成本高，彩票种类较少

虽然通过多年来的发展，我国体育彩票业取得了明显的成绩，但与国外体育产业发达国家相比，我国体育彩票业还处于一个较为落后的局面，存在着各种问题，如体育彩票的发行成本较高，受到福利彩票的冲击等。这都是不利于我国体育彩票业发展的地方。目前，我国的体育彩票品种较少，相对单一，一些彩票种类甚至出现下滑趋势。因此，增加体育彩票的种类是一件较为紧迫的事情。

(二)现有彩票存有一定的缺陷，对彩民构成不良影响

当前，我国体育彩票业相比以往有了不错的发展，但也存在不少问题。如据调查发现，当今购买体育彩票的人，大都属于中低收入阶层，他们购买彩票的主要目的是获得丰厚的回报，有部分人甚至带有赌博的心理，为了获得丰厚的回报，把大量的时间、精力和金钱用于体育彩票上，这一点值得反思。

(三)缺乏完善的市场监管与法制体系

我国体育彩票产业的起步较晚，还没有形成一个严格规范的法律法规体系，体育彩票业的发展缺乏必要的保障。此外，在执行法律法规的过程中，还存在一些责任归属的问题，导致难以执法，难以达到应有的效果。

今后，我国体育彩票业在发展的过程中，一定不要故步自封，要多汲取其他国家的先进经验。同时要构建一个完善的市场监管体系，如此才有利于我国体育彩票业的健康持续发展。

三、体育彩票的经营策划

（一）体育彩票的销售方式策划

（1）电脑型体育彩票。这是当今世界销售彩票的最主要方式，它具有稳定、安全、高效的特点，深受全世界广大彩民的喜爱。

目前，我国大部分省市都已建立了电脑体育彩票销售系统。通过这一系统的利用，体育彩票的销量迅速增长，成为我国体育产业的重要内容。

（2）人工销售方式目前主要出现在即开型体育彩票的销售中。

（3）规模销售是即开型体育彩票销售的主流形式。但这种销售方式的弊端是它的组织成本较高，如果组织不当容易造成社会事故。

（4）分散销售，主要是通过遍布各个地区的体育彩票销售网点常年、定点销售即开型体育彩票，这一形式也是比较常见的。

（二）体育彩票的销售网络策划

为保证体育彩票业的稳步向前发展，提高体育彩票的销量，建立一个健全的销售网络是非常重要的。这一销售网络主要包括三个部分，即销售点布局、销售点管理和管理机构的建立。① 这一销售网络的建立对于我国体育彩票市场的发展是十分有帮助的。

四、对体育彩票市场的管理

（1）要建立适合我国国情的体育彩票发行机构（体育彩票管理委员会、体育彩票公司等），以及为发行体育彩票提供技术性指导的机构（体育彩票技术部、信息部等）。银行部门根据体育行政部门提供的政策措施和技术信息，发行体育彩票，这样有利于社会金融秩序的稳定，也有利于控制。

---

① 钟天朗．体育经营管理 理论与实务[M]．上海：复旦大学出版社，2010.

(2)要认真研究制定并逐步完善体育彩票市场化管理的相应条例,使发行者有章可循,有法可依。

(3)要严格体育彩票审批制度,发行单位应提前向体育总局、中国人民银行、国家工商总局、审计署、国家税务局组成的全国体育彩票管理委员会报送发行计划及办法,经审批后方可发行。

(4)加大体育彩票财务管理的力度,财务管理要透明化,时刻接受社会的监督。

(5)加强体育彩票的安全保卫工作,保证体育彩票业安全顺利的发展。

(6)加强体育彩票业的法制化建设。①

五、体育彩票业的运营策略

(一)建立品牌意识

品牌化建设已成为当今时代发展的重要标签,因此要想推动体育彩票业的进一步发展,必须要建立一个良好的品牌,在消费者心中树立好的形象。体育彩票业虽然能很好地吸引广大彩民,满足彩民的消费需求,但建立品牌意识仍是我国体育彩票业有所欠缺的。

(二)提升体育彩票业的含金量

伴随着时代的不断发展,体育彩票业也面临着巨大的竞争压力,为获得进一步的发展,体育彩票必须要增加科技、体育和文化等方面的含量。当今社会是一个科技高速发展的时代,为了更好地适应现代社会的发展,需要激发购买者的兴趣,不断加大体育彩票的科技含量,这样才能扩大体育彩票的受众面,除此之外还要做好体育彩票文化方面的营销,让更多的人深入了解体育彩票业。

(三)建立一个多元化发展体系

随着现代社会的不断发展,消费者的需求也日益多元化,而消费者的需求则要求体育产业市场重新进行细分,只有如此体育企业才能为消费者提供良好的产品或服务,才能在市场上立足。② 由此可见,体育产业市场细分

---

① 骆秉全.简编体育市场营销学[M].北京:中华工商联合出版社,2001.

② 苏秀华.体育产业经营与管理[M].北京:北京体育大学出版社,2008.

是非常重要的，对于体育彩票业而言也是如此。体育彩票业在今后的发展中也要总结市场需求情况，并制定合理的发展策略，形成一个多元化的发展体系，以满足消费者的个性化和多元化需求。

（四）建立一个畅通的沟通渠道

据相关的市场调查，一些性能良好的产品市场销路却并不好，该产品即使有较高的质量却没有得到消费者的认可。换句话说，就是应该通过某些形式的沟通，来赢得消费者的信任。科学的做法应该是建立一个畅通的沟通渠道，不断提高产品的知名度、印象度和美誉度，以激起消费者的购买欲望。

（五）提升体育彩票业从业人员的综合素质

21 世纪，最重要的是人才，在各行各业中都需要大量的人才，这样才能有效促进本行业的快速健康发展。因此，为推动我国体育彩票业的进一步发展，也需要建立一个人才培养机制，同时还要构建一个完善的体育彩票运行机制，努力提高体育彩票工作的效率和质量。除此之外，还要建立一套完善的用人制度，努力提升从业人员的整体业务素质。

（六）加强对体育彩票市场的调查研究

体育彩票从业者要加强体育彩票的研究与分析，还要研究体育彩票的新玩法，激发彩民的购买欲望。总的来说，加强体育彩票的研究，对体育彩票的发展是非常有帮助的。

（七）加强体育彩票的销售与管理

目前来看，我国体育彩票销售点布局欠缺合理性，不利于彩民购买彩票。针对这一问题，有一些地区已经设立了体育彩票专营店等，但需要注意的是这种营销方式的普及程度还非常低，无法形成较大的规模。为改变这一现状，体育彩票管理部门应加强对体育彩票销售网络的宏观调控，不断提高体育彩票的整体效益。

第六章　竞技体育与休闲体育产业市场的建设与管理

体育产业的涵盖面积比较广泛，它所带来的附带产业价值链，不仅对各行各业产生重大影响，而且连带着经济效益。本章选取竞技体育与休闲体育为研究对象，探究体育产业的发展。

第一节　竞技体育产业市场的建设与管理

一、竞技体育及其演进路径

无论过去还是今天，无论国外还是国内，人们大都认为这样的划分，即现代体育或体育活动由大众体育与竞技体育两大部分组成。

毫无疑义，在社会生产力水平很低的环境中，人们从事的体育活动与人们为了生存而从事的劳作是分不开的，即便是竞技表演运动，如赛马、马术，也只是属于生存性劳作的衍生物，且大都出于休闲娱乐的目的。在小商品经济社会中，体育活动的基本属性没有改变，但通过某种竞技体育活动或表演，获胜者能够得到精神与物质的某种奖励，表演者可以获得一定的收入并以表演作为谋生的手段，竞技体育开始具备了职业化的条件。当然，当时的竞技体育只能集中于表演性质的活动，如赛马、武术等，与现代竞技体育的主流内容还有明显差别。

在商品经济社会中，纳入商业活动的内容越来越多。体育活动在保留娱乐性、大众化的同时，竞技体育的商业性质逐步抬头，尤其是工业革命引发的城市化进程，大量农业劳动力转移导致城市人口激增，观众或潜在观众群在扩大、集聚。这样，以谋生为目的的竞技体育活动在市场化、职业化方面具备了更好的发展氛围。

体育、竞技体育要演变成为一个行业，并进入产业化发展的轨道，早期一般商品经济中的生产力水平、社会分工和消费能力还是无法担此重任的，只有在市场经济体制中，生产力、社会分工和消费水平达到一定高度，符合了市场配置资源，市场实现投入产出平衡机理之后，竞技体育才可能成为经济学意义上的产业，竞技体育运动才可能将比赛和表演作为一种专门的职业并融入产业化的营运发展之中。因此，体育、竞技体育与体育产业的范畴是既密切关联但又有差别：体育产业源自体育活动，根植于竞技体育，又超出竞技表演的范围。在上述关系中，竞技体育是一种活动，但首先是一种社会资源，这种资源可用于商业活动，也可用于非商业活动。[①] 商业性竞技体育活动能否成为专门的产业并形成若干具体行业，则始终取决于一定范围内的经济社会环境和资源，取决于消费能力和消费资格的持续性。

二、竞技体育产业的概念及其属性

竞技体育产业是体育运动发展到一定阶段的产物，它与体育赛事、与体育服务之间有着极为密切的关系。发展到现在，发达国家的竞技体育产业已到了一个高度发展的阶段，我国的竞技体育产业则处于一个相对落后的局面，要想实现竞技体育产业的价值，就要不断地加强竞技体育产业市场的发展。

竞技体育作为体育活动的核心类别，是以竞赛夺标或竞技表演为主要内容的多种体育活动的统称，它们构成了竞技体育产业的基本属性。目前，体育竞赛的具体种类很多，有世界性的，也有地区性的；有综合性的，也有单项性的；有职业性的，也有非职业性的。奥运会是涉及赛事项目最多的国际体育盛会，各国、各地区都有各种类型的运动会，足球、篮球、田径等是最典型的专项竞技体育，它们具有国际化和规范性。竞技表演构成了竞技体育娱乐休闲的一面，内容也很多，但在更大程度上与国别、民族、传统习俗和赛事活动的目的有关，单项性的竞技表演在这方面表现得尤其突出。

三、我国竞技体育产业市场发展现状

近些年来我国政府及相关部门制定了一些有利于体育产业发展的政策与文件，但需要注意的是，受各方面因素的制约和影响，当前我国竞技体育

① 唐豪，魏农建．中国竞技体育产业市场研究[M]．上海：学林出版社，2005.

产业仍然存在不少问题，主要表现在以下几个方面。

（一）产业结构欠缺合理

竞技体育产业的内容有很多，其核心是体育竞赛业。但与国外体育产业发达国家相比，我国竞技体育产业发展时间较短，其发展还处于一个较低的层次。另外，我国竞技体育产业中的绝大部分都是体育用品制造业，欠缺其他产业结构。因此，我国竞技体育产业的发展需要制定一个合理的目标，在今后的发展中，要不断转变经济发展方式，重点发展服务业的第三产业经济，这才是一个科学、合理的体育产业结构。

（二）区域发展不平衡

很长一段时间以来，我国存在着区域经济发展不平衡的现象，体育产业的发展也是如此。竞技体育产业发展的兴衰在很大程度上取决于各个地区的经济发展状况。以竞技体育用品业为例，我国制造竞技体育用品主要集中在东南沿海一带，大部分竞技体育用品生产公司大都分布与此。但是大部分的大型竞技体育赛事通常会优先选择北京、上海、广州等大型城市，存在着严重的区域发展不平衡现象。

（三）行业垄断壁垒较多

当前，我国竞技体育产业的行业垄断壁垒较多，如市场化程度不高，市场机制运行不畅通，存在地方保护等，这些对于我国竞技体育产业的发展是十分不利的。这就要求我国政府部门及相关机构要使用行政措施来分割垄断项目市场，逐步打破不合理的行业壁垒。

（四）存在严重的信任危机

整个竞技体育产业市场的发展活力不足，难以吸引消费者参与其中进行消费，存在着严重的信任危机。

1. 竞技体育制度缺乏稳定性

当前我国体育竞技处在转型发展阶段，缺乏健全和完善的法律法规。为促进竞技体育产业的发展，我国政府及体育部门要联合起来制定和完善相关政策，确保政策的有效性和可执行性。以我国职业足球为例，我国职业足球的发展历史颇为坎坷，在发展的过程中曾经走过许多弯路，围绕着赛事的赛制、裁判、转会等问题做过诸多调整，为了给国家队比赛让路，联赛曾经被肢解，升降级制度在某些年份也被取消，这对于我国职业足球的发展都产生了不良影响。

以上问题都反映出我国竞技体育制度还有待于进一步完善，在制定相关制度后，还要强化制度的长期性与稳定性。当前我国体育竞技制度缺乏必要的稳定性，亟须进一步规范。

2. 产权制度权责不明晰

在竞技体育产业发展的过程中，存在着不少问题，其中产权制度权责不明晰就是一个重要的问题，这一问题在很长的时间里都没有得到很好的解决。导致这一问题的主要原因在于国家的干预与调控。例如，体育企业耗费大量的资源经营与管理体育企业，其主要目的在于获得丰厚的经济利益，但受政府的干预，体育企业并不能获得所有的利润，其中一部分要与政府部门共享。这种情况非常不利于体育产权主体积极主动地去寻求创新与发展，导致他们无法长期保持一种和谐稳定的姿态去发展，这对于维护经营者自己的形象也是十分不利的。总之，产权制度权责不明晰是制约我国竞技体育产业发展的重要因素，需要引起重视。

3. 政府过分管制，且管制效率较低

一个企业要想获得健康、持续的发展，其根本在于讲究信誉，重视合同，履行契约，但是当前我国的竞技体育发展水平还不高，还存在着较大的缺陷，所以需要政府的介入来推动竞技体育产业的发展。在当前我国竞技体育发展的背景下，政府管制在其中还起着重要的作用，但它无法解决竞技体育产业市场中存在的各种问题，有时候地方或部门的过度干预还会在一定程度上破坏体育企业发展的主动性，因此应加强管理者的规范化建设。

四、我国竞技体育产业市场建设及管理策略

（一）加强竞技体育产业的环境建设

1. 克服有效需求不足的障碍

很长一段时间以来，我国竞技体育产业始终存在着潜在需求和有效需求不足的情况，现场观看比赛的观众非常少，在这样的情况下，开展引导性消费需求工作比较困难。但需要注意的是，只要人们热爱并热衷于参加体

育活动，体育产业市场就能不断地往前发展，有效需求不足的问题就会得到有效的解决。因此，政府相关部门不仅要制定有利于体育产业发展的政策，还要积极引导人们转变思想观念，促使越来越多的人参与体育运动锻炼，使其成为竞技体育产业市场的重要一分子。这对于我国竞技体育产业的长远发展具有重要的影响和意义。

为促进我国竞技体育产业的发展就要逐渐消除环境障碍，创造良好的发展环境。近年来，中国旅游产业的发展形势很好，而且随着“一带一路”倡议的战略深入，人们的休闲消费需求逐渐提高。这为竞技体育产业的发展创造了良好的机遇。

2. 规范竞技体育主体、体育行业组织的行为

竞技体育组织的主体要做到诚信经营、依法纳税，要清楚地认识到自己所承担的责任与义务，同时还要具备良好的职业道德，与运动员之间保持和谐的关系，在提高运动员运动水平的同时还要对其进行必要的道德素质教育。发展到现在，竞技体育相关的组织和团体越来越多，这些组织和团体有很大一部分属于非营利性的社会团体。在俱乐部经营与管理的过程中，要遵循和服从协会组织所制定的各种政策或文件，当俱乐部之间发生各种摩擦或问题时，协会组织要有能力及时妥善的处理。此外，运动协会还要积极开展各项工作，努力提升比赛的观赏性，以吸引更多的观众加入其中，从而为本项目的发展创造良好的群众基础。

大量的实践表明，竞技体育的协会组织在竞技体育产业发展的过程中扮演着越来越重要的角色。各协会组织要本着公平公正的原则对政府、俱乐部、运动员及广大的赛事参与者负责。各地方政府要与各协会组织保持密切的联系，充分利用各种制度来维持和规范竞技体育产业市场的发展，如当运动员参加体育赛事发生冲突时，协会组织就要从中进行协调，处理好各种冲突事件。各协会组织要不断完善自身体系，这样才能在体育产业市场出现问题时及时妥善处理好。

3. 针对相关行业和配套条件中的薄弱环节，及时进行弥补

当前我国竞技体育产业的发展面临着诸多困难，除了本领域存在一些障碍外，城市基础设施建设、城市交通建设等也是制约其发展的重要因素。这些方面的因素都对消费者的需求形成了一定的阻力。在今后的发展中，要逐步克服这些障碍，采取有针对性的措施和手段解决重点问题。

目前我国竞技体育产业的投融资机制方式较为单一。除了足球之外，绝大部分竞技体育项目依旧受到长期的“冷落”。因此，地区政府要积极采

取各种政策和措施，加大资金投入用于改善与竞技体育赛事有关的基础设施和配套条件。

以体育场馆的运作为例，除了体育企业自身采取必要的发展措施外，政府还可以采取类似物业税的方法为投资主体缓解租金压力。政府要给予体育企业必要的政策支持，为其提供优惠条件，可以动用一部分财政和公共资源支持竞技体育产业的发展。

4. 鼓励、吸引更多的民间资金、民营资本进入

竞技体育产业属于一个庞大的体系，这一体系内包含的要素非常多，在发展的过程中，要以整体的眼光看问题，要积极发展民间资本，充分利用各种社会力量，通过项目竞标、资产多元化发展等途径，为我国竞技体育产业营造一个良好的发展空间。在各地方体育产业发展的过程中，要加强与其他省市或国外公司的交流与合作，共享竞技体育资源，促进体育信息传播和利益共享。除此之外，政府也要努力发挥自身的作用，投入必要的物力与财力加强城市基础设施和体育基础设施建设，为我国竞技体育产业的发展创造良好的外部环境，这样才有利于我国竞技体育产业的健康、长远的发展。

（二）培育并完善竞技体育市场平台及制度

1. 重点培育竞技体育市场

根据竞技体育产业发展的历史规律来看，通常情况下只有一到两个运动项目具备高超的发展水平。在竞技体育的有效需求尚未发展到一定规模时，竞赛项目较多，发展难以兼顾，竞技体育的专业化和规模化的发展比较有限。只有打造出精品赛事，才能很好地带动其他体育产业的发展。

2. 构建竞技体育与主要行业的商务合作平台

当前，我国竞技体育市场已经初具规模，在社会上形成了一定的影响力，各种各样的体育产品和服务激起了人民群众的体育消费欲望。另外，体育赛事的推广与各种工作离不开与此有关的厂商，他们熟知通过什么样的途径和方法会吸引体育媒体、广告公司和经纪公司等前来展开交流与合作。为此，体育俱乐部以及各协会组织要针对具体实际与厂商构建一个完善的信息交流平台，利用互联网等各种途径和手段打通交流与沟通的渠道，实现共同发展。

3. 完善竞技体育市场的规则与制度

要想充分发挥竞技体育市场的功能,就要做好各个方面的工作,如制定各种有利于体育产业市场发展的政策,努力实现体育产业市场的需求与供给平衡等。如今体育赛事越来越频繁,在举办体育赛事时,需要制定合理的竞赛制度,确定好参赛队伍的数量,制定竞赛规程,方便运动员、裁判员及观众参与赛事的活动。另外还要加强体育媒体的报道,媒体报道不能有偏差,体育产业各方面的利益分配要合乎业内规范。同时,还要不断加强交流与合作,充分激发体育产业市场的活力。

(三)提升竞技体育市场潜在的商业价值

1. 鼓励和引导投资经营行为

目前,我国竞技体育产业的专业化经营和规模化发展相对缓慢,投资者的投资欲望不是很强,因此,体育部门要引导投资者和经营者冷静思考,慎重决策。在具体的操作过程中,要采取各种手段与措施帮助企业投资人发展各种业务,引导其正确的投资行为。投资者要看到这一历史的机遇,加大对体育产业的投资,从而获得可观的投资回报。

2. 整合竞技体育与相关行业的资源

总体来看,目前我国竞技体育产业的有效需求均量不大,市场需求处于一个比较稳定的局面。为此,各竞技体育项目的产业化发展要有一定的针对性,要优先发展某些竞技体育产业,加强与该竞技体育产业有关的中介服务的发展。如球迷观看中超联赛的途径有很多,既可以通过电视观看又可以通过网络直播观看,在这样的情况下,就需要体育赛事与电视转播部门、网络门户网站等进行深度合作以此获得预期的经营收益。

3. 加快国内外市场的联系与企业间的合作

当今世界,各个国家或地区的体育产业要想获得健康快速的发展,就需要加强与其他国家或地区之间的联系,全球一体化已成为一个重要的发展趋势。受历史传统、地域、经济等各方面因素的影响,世界上各个国家在竞技体育资源、体育需求、赛事传播等方面都存在着一定的差异。因此为推动竞技体育产业市场的发展,就需要不断整合和利用各种资源,促进竞技体育产业在全球范围内的发展。

我国可以制定一定的优惠政策,鼓励外企进入国内市场,加强国内外体育企业的交流与合作，以此加速我国竞技体育产业的发展并与国际接轨，逐步缩小与国外竞技体育发达国家的差距。

第二节 休闲体育产业市场的建设与管理

休闲体育是在闲暇活动的基础上发展起来的体育形式，此类型的体育不仅获得了人们的广泛认可，而且还很快地向产业化的方向发展。因此，有必要对休闲体育产业及其相关问题进行研究。

一、休闲体育产业的概念

休闲体育产业，是在休闲体育基础上发展起来的。作为产业，它的发源地是美、欧等为代表的西方经济发达国家。我国的休闲体育还在起步阶段，虽然已经引进了一些休闲体育项目，但要发展为休闲体育产业仍有一段很长的路要走。按照人们对休闲体育的不同理解，产生了各种不同的休闲体育经营观点、经营模式、经营理论。

二、休闲体育产业的特征

休闲体育产业具有如下特征。

(一)休闲需求特征

1. 时间性特征

人们的休闲需求具有周期性特点，这是由人们的休闲时间所决定的。通常情况下，人们只有在工作和学习之余，如节假日、周六日等余暇时间参加各种休闲活动，在这些休闲时间里参加体育消费活动被称为“假日经济”现象。“假日经济”的出现在一定程度上促进了经济增长，也在一定程度上促进了人们消费观念的转变，人们的消费方式越来越多元化和个性化，这是保证休闲体育产业良好发展的前提。

在消费时间上，人们没有自主选择的能力，这主要是由我国的休息制度决定的，人们参加各种各样的休闲活动主要集中于节假日期间。

受传统观念以及社会经济发展的影响，目前我国的休闲供给相对单一，需求也是如此，在假日经济中，旅游活动占据绝对地位。

2. 时尚性特征

时尚成为当今社会的一个重要标志，时尚在一定程度上反映了人们的消费水平和社会进步，同时还反映了消费者的心理需求和消费欲望。而休闲需求就是在这样的背景下产生的，人们参加的休闲体育活动也具有一定的时尚性特征。

3. 个性化特征

个性化特征主要表现在以下两个方面。

(1)休闲消费能满足人们不同的欲望和需求，受个体因素的影响，人们的休闲需求和欲望都是不同的，体现出明显的个体性和异质性特征。

(2)要想吸引消费者参与体育消费，休闲体育产品、服务必须要有一定的个性，能极大地满足人们的心理需求。尤其是在人的个性释放的今天，体育企业一定要生产富有创新性的体育产品，从而占据市场发展的主动权。

4. 层次性特征

在物质生活水平较为低下的年代，人们并不具备强烈的休闲需求，随着人们经济水平的不断提高，生活水平也发生了翻天覆地的变化，人们对休闲的需求越来越强烈。

在休闲体育产业发展的过程中，体育企业一定要把握好消费者的消费行为和特征，要充分满足他们的休闲需求，努力设计出能满足人们各种需求的产品或服务。

(二)消费者特征

1. 年龄

对于不同年龄阶段的人而言，他们在参加演示的过程中通常会表现出一定的消费特征。

(1)对于不同年龄段的消费者而言，他们有着不同的休闲追求，一般来说青年人活泼好动，喜欢刺激的事物，因此运动强度大，惊险刺激的运动容易受到他们的青睐，如各种球类运动、轮滑、蹦极等；而中老年人身体机能有所下降，他们倾向于选择那些运动强度较小的运动，如台球、太极拳、健美操等运动。

(2)同一个消费者在不同年龄阶段也具有不同的消费倾向。我们可以将消费者参与休闲体育消费分为三个阶段，即少年、壮年和老年。一般情况下，消费者在步入壮年阶段后通常会有不错的经济收入，能将其中的一部分用于体育消费。这一群体是休闲体育消费的重要群体。

2. 性别

性别也是影响人们参与休闲体育消费的重要因素。一方面男性在力量、体力等身体素质方面要普遍优于女性，因此其更倾向于激烈、刺激性强的消费项目。另一方面男性与女性在职业及收入等方面也存在着一定的差异，总体上来看，男性的平均水平要普遍好于女性，这一点需要逐步改善。

3. 文化程度

人的文化素养也在一定程度上影响着休闲体育消费。文化水平低的人，一般不能很好地认识与了解休闲体育的产业规范，应配备专业的管理人员对其进行相应的指导。

4. 职业

一般情况下，一个人的职业在一定程度上决定了其收入水平、工作量的大小以及闲暇时间等。

5. 健康状况

经常参加休闲体育活动，人们能很好地提升自己的身心素质，获得全面发展。但需要注意的是，各种休闲体育项目具有一定的运动强度，也会消耗人体的能量和精力。对于不同身体素质的消费者而言要结合体质情况选择适合的体育项目。中青年群体可以选择运动量和运动强度较大的运动项目，而老年人或体质较弱群体则适合参加那些运动强度较小的运动。

(三)产品经济特征

1. 生产与消费的不可分性

这是产品经济的一个重要特征，通常情况下，休闲体育产品的生产环节与消费环节只有在时间和空间上保持同一性，才能实现体育商品的经济价值。

2. 生产要素的供给弹性的特殊性

休闲体育产品生产要素的供给弹性指的是价格的改变对供给量多少的影响程度。

(1)劳动力的供给弹性系数小于1。健身教练,各类运动项目的教练员等都属于休闲体育中的劳动力。一般来说,这些劳动力必须要具备扎实的专业知识,掌握出色的运动技能,劳动力的素质越高,其自身价值也就越高。

(2)娱乐场馆场所的供给弹性系数小于1。运动馆、健身房作为当下非常重要的休闲娱乐场所,这类要素的生产周期长,技术含量高,调整生产,增加供给具有较大的难度,因此其供给弹性小于1,这就说明其供给变动的幅度远远小于价格变动幅度。因此,应注意这些场馆设施的统筹规划,合理布局,充分利用。

(3)一般运动器材的供给弹性系数大于1。球类、运动服饰、健身器材等是休闲体育运动常见的运动器材和设备,这一类要素的生产周期短,技术含量相对较低。从生产技术和管理方面来看,当此类要素发生价格变动后,进行生产调整的难度较小,其产量应按照高于价格变化的速度发生改变,因此,一般运动器材的供给弹性系数是大于1的。①

3. 生产要素的替代弹性较大

一般来说,在休闲体育产业体系中,大部分的产品都有一定的替代性,可替代弹性较大。因此当一种产品或服务的价格发生变化后,如果不根据实际情况进行调整,会有另一种产品来替代,这一现象是非常常见的。例如,如果健身俱乐部中的健身器材费用比较昂贵,人们可以选择参加跑步、散步、打太极拳等其他运动。

4. 具有最终产品的性质

人们购买休闲体育产品的主要目的在于满足自己参与体育运动,丰富精神文化生活的需要,因此说最终产品性是休闲体育产品的一个重要性质。

三、休闲体育产业的功能

作为一种新兴产业和朝阳产业,休闲体育产业主要有健身、文化、经济等功能。

---

① 李泰武,吴小茂. 休闲体育理论与实践[M]. 哈尔滨:哈尔滨地图出版社,2007.

(一)健身功能

休闲体育运动项目越来越多,人们在线下实践也开始参加各种类型的休闲体育运动。有关研究实践表明,经常参加休闲体育运动可以显著增强人体体质,同时促进人的身心健康发展。随着年龄的不断增长,人体各个器官会出现一定的老化现象,身体机能会逐渐变弱,这是生理发展的基本规律。但是通过参加各种形式的体育运动,能在一定程度上缓解这些症状。如相关调查发现,经常参加跑步的人,其发病率比不参加运动锻炼的人要低很多,心肺功能也更好。由此可见,休闲体育运动具有明显的健身功能。

在现代社会背景下,人们享受着科学技术提供的诸多便利,随之而来的也产生了一些“职业病”和“文明病”,这对人们的身心健康造成了较为严重的损害。随着人们对自身健康的关注,人们在平时的休闲时间都倾向于参与各种形式的体育锻炼。目前休闲体育已成为人们一种重要的生活方式。“终身体育”的理念日益深入人心,人们对身心健康发展越来越重视,这为休闲体育产业的发展创造了良好的条件和机遇。“终身体育”理念之所以能在广大的人民群众中引起强烈的反响,其中一个重要的原因就在于,这一理念与人们的身心健康之间有着密不可分的关系,它是指导人们参与身体锻炼的重要理论基础,它不仅能促使人们积极参与体育运动锻炼,使人们产生强烈的体育健身欲望,还能吸引世界上大多数人群参与休闲体育运动。

人们长期进行休闲体育运动,可以使自身的身心素质得到更好的发展。一般来说,休闲的功能主要表现在以下几个方面:第一,消除肌体疲劳,增强体质;第二,缓解心理压力,提升心理素质;第三,促使参与者获得满足感和成就感;第四,增强人与人交往的能力,增强人们对社会的适应能力。另外,休闲体育活动还具有许多其他类型的体育活动所不具备的功能,休闲体育对运动场地及设备的要求不高,对运动技术水平也没有硬性规定。由此可见,休闲体育活动适合大多数人参与。

(二)文化功能

1. 促进观念的提高

经常参加休闲体育运动,可以显著改善人们的生活水平,帮助人们构建起正确的体育意识,养成合理的休闲体育消费行为。

休闲体育产业同样具有重要的健身、娱乐、休闲、教育等价值。正因如此，休闲体育才日益受到人们的重视和青睐。参与各种休闲体育活动的人都具有相同或相似的体育文化价值观，在这一价值观的引领下，他们通常会产生参与休闲体育活动的认同感，在各方面达成共识，长此以往，人们对休闲体育的认识就更加深刻。

2. 丰富人们的生活

发展到现在，人类社会进入高度发展的阶段，人们享受着社会发展带来的物质文明与精神文明。社会文化的内容异常丰富，体育作为一种重要的文化现象，在人们的日常生活中占据着十分重要的地位。通过经常进行休闲体育活动，可以极大地满足人们的身心需要，同时也能获得自身的完善与发展。

休闲体育产业可以为人们提供丰富多彩的活动内容，能满足人们的个性化需求。

（三）经济功能

1. 提供就业机会

休闲体育产业市场的发展能为人们提供各种就业岗位，在一定程度上解决就业难的问题。而休闲体育产业作为一个综合性产业部门，能满足不同类型劳动者的需求。

2. 刺激健康消费

休闲体育产业部门应在健康的理念下发展，合理刺激和引导人们进行体育消费，进而推动我国体育产业市场的健康发展。

人们的消费观念与生活方式发生了相应的变化，这也导致了消费需求发生变化。人们更加清醒地认识到体育对身心健康的积极作用，基于此，休闲体育产业具有非常广阔的发展前景。

任何事物的发展都需要讲究一定的方法和策略，不能盲目去发展，休闲体育产业的发展也是如此。处于休闲体育产业市场中的体育企业要结合市场发展状况和自身实际制定合理的营销策略，以消费者的需求为出发点，设计出符合大众口味的休闲产品或服务，并作好产品的营销，只有这样才能促进我国休闲体育产业市场的快速发展。

四、休闲体育产业的营销与发展策略

(一)产品策略

体育企业在设计体育产品时要充分考虑产品的休闲娱乐性和体验性,同时也要将产品的整体性以及社会需求性考虑在内,综合各方面的因素进行设计。这样才能设计出符合市场发展和人们需求的产品。如全球知名高尔夫球具品牌 Callaway(卡拉威),就非常注重消费者的需求,他们在充分调查消费者个性特点与需求的基础上为其提供各种优质的产品或服务,从而成为高尔夫运动知名品牌。一提起高尔夫,人们就会想到这一品牌,由此可见,卡拉威的这一品牌营销策略是非常正确的。另外,一些体育用品企业还会提供各种附加产品或服务。例如,许多高尔夫球具生产商提供的球具包都非常精美别致,消费者在购买和消费后会获得一定的满足感和成就感,从而为企业建立了品牌忠诚度。

为得到消费者的青睐,一些体育企业在设计体育产品时会采取产品组合策略,根据产品的市场需求情况对产品的宽度、广度、深度等进行不同的组合。总的来说,休闲体育企业所提供的各种产品与服务就属于这样一种策略,通过这个组合策略的利用能为体育企业赢得良好的经济效益,满足广大消费者的个性化需求。如不同种类的会员卡、年卡、情侣卡、老年卡等,通过这些组合策略的利用,消费者的多样化需求得到了充分的满足,为体育企业带来了良好的经济效益。另外,这样能为顾客提供良好的消费体验,从而积累良好的口碑,树立良好的品牌形象。

(二)价格策略

在休闲体育产业营销中,价格策略是非常重要的一个手段。价格受到产品成本、市场需求、消费者心理等各方面因素的影响,正确认识这些因素能帮助体育企业制定出合理的产品价格。体育企业经营者要根据产业实际情况合理地选择定价方法。

(三)分销策略

休闲体育企业生产出产品后,只是一个阶段的结束,而要想实现其产业价值就需要进行一定的营销与推广。在体育产品的营销方面,体育企业一定要大力开拓销售渠道，制定合理的分销策略。如可以采用直接渠道与间接渠道两种途径来宣传与推广体育产品。

对于休闲体育企业而言，其在企业运营的过程中，一定要采取科学的手段与措施控制好渠道成员，并与中间商建立良好的合作关系。不仅如此，还要注意与合作商关系的维护与处理，在出现危机时采取合理的解决办法以应对危机。为了实现预期的营销目标，激发中间商的积极性，体育企业可以根据实际情况采取合理的激励方式，让中间商对本体育企业产生认同感和信任感，使彼此之间建立起良好的合作关系，从而实现共赢。

休闲体育生产商可以通过各种措施对渠道成员的履约情况、经营水平等进行评估，这能对中间商起到一定的警示作用。通过评估、分析休闲体育生产商经营中存在的各种问题，然后采取有针对性的措施和手段加以解决。

（四）促销策略

休闲体育企业面临着非常重要的任务，不仅要开发满足人们需求的体育产品，还要根据市场情况制定有吸引力的价格，刺激人们的消费。通过各种促销手段，使目标顾客充分了解产品，激发其购买欲望。

休闲体育产品的促销组合策略主要有以下两种。

1. 推式策略

推式策略主要是运用各种推广手段和策略，把体育企业生产的产品推向中间商，再由中间商推向市场。这一策略在体育产业市场中很常用。

2. 拉式策略

广告与招商就属于典型的拉式策略，这一策略在当今体育产业市场中较为常见。具有一定实力的体育企业都非常重视对自身产品或服务的宣传，通过大量的广告宣传，能在一定程度上激发消费者的购买欲望，引导其产生购买行为。需要注意的是，体育企业的产品广告一定要有正确的价值观，保证一定的质量，否则就起不到太大的作用，甚至还有可能产生相反的效果。这一策略适合于目标市场需求量大且相对分散，流通环节较多的产品。

需要注意的是，这一组合策略各有优点和缺点，体育企业最好要结合起来使用，以获得良好的促销效果。

总之，休闲体育消费者都有自身的个性和特点，会产生不同的购买行为，因此体育企业要针对不同的消费者选择合适的促销方式。目前，各种促销手段层出不穷，消费者每天都会受到大量推销广告的“洗礼”。如果平时注意一下，就会在小区的电梯间、写字楼、电梯入口处等看到各种推销广告。而对于那些服务要求较高的产品则应采取人员销售的方式，通常能收到较好的效果。

综上所述，通过各种各样的促销手段的利用，能有效激发消费者的消费欲望，从而促使其产生真正的购买行为。这非常有利于体育企业扩大市场规律，提高市场占有率，从而获得健康快速的发展。

五、休闲体育产业的经营方式

（一）广阔地域型的休闲体育经营

休闲体育虽然暂时还只是一种“准体育产业状态”，但经营上却有着自身特点。它的基本经营模式虽然仍然与职业体育产业、健康体育产业相同，但“广阔地域型”休闲体育，不管以何种形式参与，都必须参加由国家认可的保险机构提供的各种相关保险。这和人们乘飞机必须买保险一样，买保险并不是飞机就一定会失事，而是为了应付万一发生的意外事故，所以会员们都以平常心态接受了这一切。

“广阔地域型”的休闲体育项目，大都与冒险、刺激紧密联系在一起，挑战大自然有时要以生命作为代价的。虽然这种原本是正常的活动，在许多时候、许多场合被曲解或违背了真正的体育运动精神，但追求胜利的体育精髓，超越自我、走向成熟、战胜自然、夺取胜利的雄心壮志，使它成了许多年轻人实现自我、表现自我的一条捷径或一种特殊形式。“广阔地域型”一般都采用会员制或者变个名称为协会的会员制，主要目的是让每个参加者都拥有一个自己的组织，因而无论协会还是俱乐部其本质都是一样的。每个俱乐部当初都是由会员自己选定命名的，因而每个俱乐部都有一个会员们共同喜爱的、特殊的、不同凡响的名字。虽然世界上许多国家现正在将像徒步旅行等风险较小的室外活动纳入了休闲体育范畴，扩大了广阔地域型体育休闲体育活动的年龄层面，但却一直未能达到理想的效果。①

---

① 廖国庆.体育市场营销与奥运分析实务手册(第3卷)[M].合肥:安徽文化音像出版社,2004.

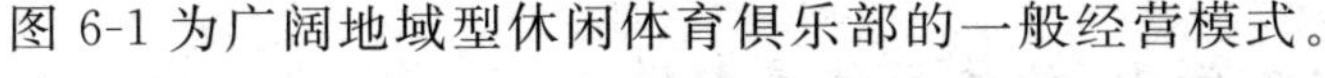

图 6-1 为广阔地域型休闲体育俱乐部的一般经营模式。

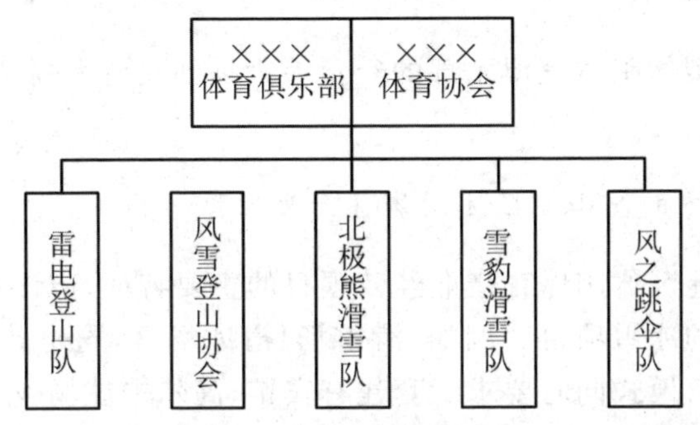

图 6-1　广阔地域型休闲体育俱乐部的一般经营模式

从广阔地域型休闲体育俱乐部的一般经营模式中可以看出，休闲体育俱乐部在经营模式上与其他的体育俱乐部经营模式并无区别。即使是自由命名，也是许多以年轻人为中心的俱乐部经常采用的手法。如果说不同，休闲体育俱乐部最大的特点是注重创造本俱乐部的“品牌”，也可以说是品牌战略吧。“××××”俱乐部一旦在年轻人中间形成影响，就会吸引众多的本项目爱好者、著名选手的崇拜者积极加入，从而形成巨大的会员群体。但这些会员中除了核心成员以外，更多的是本项目的爱好者和对某个优秀选手的崇拜者。他们参加这个俱乐部的主要目的，是因为作为其中一员的自豪和骄傲，或者是作为崇拜某个选手的“啦啦队”和“后勤服务部”，或者是希望能有与自己喜欢的团队、选手共同“作战”的经历等。因此，他们积极参与各项俱乐部组织的各项活动、聚会，按时交纳会费，主动宣传俱乐部和自己崇拜的选手，邀请志同道合者加盟，“出手大方”地进行相关消费等。但他们只偶尔体验一下冒险带来的刺激，或者只喜欢冒险刺激形成的气氛，本人也并不热衷一定要亲自感受某个项目的惊心动魄，因而在庞大的休闲体育俱乐部会员阵营中，主要是“重在参与”的业余会员。而留住业余会员的最好办法就是“品牌”了，即提高俱乐部知名度和创造著名选手。当然，这种俱乐部的名称也是各种各样的，例如：“××××”活动中心、“××××”联合会、“××××”协会等。这也可以说是我国目前休闲体育产业还难以形成规模的一个重要因素。①

① 李明．体育产业学导论[M]．北京：北京体育大学出版社，2001．

(二)“日常生活型”的休闲体育经营

日常生活型休闲体育俱乐部的经营手段是创造更大的规模。主要有以下几种模式。

1. 我国北方的高山地区休闲体育产业经营

我国北方地区休闲体育产业经营项目的主要特征,应该是与地区气候、环境紧密相关的冰雪项目。例如:滑雪场、滑冰场等,这也是它的基本经营模式。这种经营模式同时要求配套建有宾馆、高尔夫球场、小型运动场等相关设施。

2. 沿海地区的临海休闲体育产业经营

我国是一个海岸线非常漫长的国家,沿海地区休闲体育产业已经体现出了非常宽广的发展前景。除了过去著名的海滨疗养地北戴河、青岛等,最近又新开发了如江苏连云港海滨风景区、山东渤海旅游区等。在经济发达的西方国家,这类休闲体育产业的开发特征和基本模式是建有各种船、艇的专用码头,同时要求配套建设有宾馆、高尔夫球场、游泳池、小型运动场、水族馆、观光塔等相关设施。

3. 高原、丘陵地区的休闲体育产业经营

这种地区的休闲体育产业发展经营,应该以开发别墅为主要特征和基本模式。同时要求配套建设有宾馆、高尔夫球场、游泳池、网球场、小型运动场等相关设施。

4. 公园型休闲体育产业经营

顾名思义,这种休闲体育产业的经营特征和基本模式就是公园。公园型休闲体育产业经营,同时要求配套建有宾馆、高级饭店等相关设施。

5. 混合型休闲体育产业经营

混合型休闲体育产业经营,一般是以大众化的休闲体育项目为主的经营。因而它的主要开发地点是居民区或公寓区。它要与文化娱乐为主的设施建设成为一体,使休闲体育项目设施与居民区或公寓区的文化有机地结合起来,并成为其中的组成部分。因此,也有的经济学者称此种经营模式为“贫民休闲体育经营模式”或“贫民模式”。休闲体育产业的经营模式,单纯地从形式上分析,与其他体育产业经营模式并无太大的区别。

关键是要能根据自己的项目特征，形成自己的特点经营。我国与经济发达国家的休闲体育和休闲体育产业比较，起步时间相差并不太大，但由于起步时的基础不同，再加上体育产业发展理论的先天不足，实际上人为地拉大了差距。希望这种差距能成为我国休闲体育产业发展的动力，在借鉴经济发达国家休闲体育成功经营的基础上，创造出适应我国休闲体育产业发展的经营模式。①

六、休闲体育产业的管理

针对我国休闲体育和休闲体育产业的发展现状，一是将休闲体育和休闲体育产业简单的归类为健康体育或社会体育之中，任其在竞争中自由发展；二是对完全脱离体育领域，已经进入文化娱乐等其他市场的休闲体育表现出极端的无能为力。因此，我国休闲体育产业的整体发展水平还处于萌芽状态的潜伏期，暂时还没有能力从依附的其他产业中独立出来。虽然我国已经有了许多休闲体育活动项目，并以企业的形式在运营，但这种运营是脱离体育本质范畴，作为其他产业或依附于其他产业之中的运营。它的发展方向最终是健康体育产业、文化娱乐、休闲体育、一时还难以定论。但是，这种暂时的发展不确定性，并不能抹杀我国休闲体育和休闲体育产业的发展事实，也并不能影响我国休闲体育和休闲体育产业发展的正确方向。

我国与国外现代休闲体育的发展如果单纯进行时间概念上的比较，差距最多不会超过 10 年。只要我们加把劲，完全有能力赶上经济发达国家现在的发展水平。但是，事实上这种时间上的差距，并非只停滞不前在这种物理学的分析上，它还包括了各种各样的社会因素和各种各样的人为因素，特别是对休闲体育认识和理解上的迟钝，事实上扩大了和经济发达国家休闲体育产业发展这种起步时间上的差距，从而严重影响并阻碍了我国休闲体育产业的正常发展。②

(1)我国在 20 世纪 80 年代之前，休闲体育产业基本上一片空白，这种空白不仅是物质上的，更主要是观念上的。因此，填补这种空白绝不是一朝一夕可以完成的事情，它不仅需要雄厚的社会经济基础，更需要正确的理论引导。如果我们不承认与经济发达国家这种现实背景下的差距，我国的休

---

① 张成．体育产业开发、投资、运营管理与体育项目可行性研究及经济评价手册(第 1 卷)[M]．合肥：安徽文化音像出版社，2003.

② 李明．体育产业学入门[M]．海口：南方出版社，1999.

闲体育产业发展将难以找到正确的赶超目标和努力方向。

(2)我国在引进休闲体育产业的同时,即陷入了理论概念上的“误区”。产业的归属问题不明确,直接影响了对产业市场规模的掌握与规划,影响了对产业市场的前景判断与前景预测,从而更进一步影响了对产业整体发展的决策和产业发展政策的制定,带来了一系列管理上的麻烦,加大了操作难度,造成了各个主管部门产生了急功近利的思想,只顾追求眼前的经济利益,而忽视了对未来市场的培育开发,失去了发展的大好时机,延缓了我国休闲体育产业的整体发展速度。而经济发达国家的休闲体育产业在几乎同样的时间内能够领先我国休闲体育产业几倍、甚至几十倍,这是一个发人深省的问题。①

(3)我国与经济发达国家休闲体育产业的发展,在经历了几乎相同的发展过程以后却进入了两种完全不同的状态。这不仅要求我们必须深刻反省过去休闲体育产业发展操作过程中的行为,更重要的是还要求我们必须能够根据我国所处的经济发展时期,制定出适应我国目前休闲体育产业实际发展需要的方针政策。特别是目前我国休闲体育产业发展所处的特殊发展时期,面临着不仅是来自外部的影响和干扰,还有很大部分来自体育产业内部的影响和干扰。其他体育产业的高速发展,某种程度可能会给休闲体育产业的发展造成一定的冲击,如何变冲击为动力,每位休闲体育产业工作者都应该事先作好充分的应对准备。

(4)我们必须承认自己的差距和存在的不足,但这并不是要求休闲体育产业工作者盲目地去借鉴或不加思考地去照搬别人的经验,而是要求必须在深刻思考的基础上,找出经济发达国家休闲体育产业高速发展的真正原因和我国目前能够参考、借鉴的内容,并以此为基础加以改进、提炼,然后制定出符合我国国情的休闲体育产业发展计划。承认落后是为了摆脱落后,学习先进更是为了超越先进!

(5)根据我国休闲体育产业目前的整体状况,要着力找准适合我国休闲体育产业发展的切入点。经济发达国家的休闲体育产业热门项目不一定适用于我国。民族不同,文化背景不同,社会习惯不同,欣赏观点也不同,如此之多的不同,实际上已经构成了产业发展的热点不同。中国人不怕冒险,但绝不喜欢拿自己的生命去冒险;中国人喜欢刺激,但还没有喜欢到对自己生命毫无顾忌的程度;中国人现在富裕了,但绝对没有富裕到拿钱来打水漂玩。所以,中国休闲体育产业如果要有大发展,就必须设计出中国人喜欢

① 廖国庆.体育市场营销与奥运分析实务手册(第3卷)[M].合肥:安徽文化音像出版社,2004.

的、适应中国心理需求的、符合中华民族习惯的项目，而不能不加区分地把国外挣钱的休闲体育运动项目搬来，这一点对我国的休闲体育产业发展非常重要，特别是前期投入较大的休闲体育项目，必须进行反复论证。而这种论证，不仅是经营管理模式上的论证，更需要结合当地的文化发展背景和社会发展背景来进行论证。没有准确的投资切入点，就不会有未来的辉煌发展。

第七章　体育产业市场的发展与创新研究

与其他国家相比，我国的体育产业发展时间较短，发展水平与其相比也存在着一定的差距。但通过多年来的努力，我国的体育产业已取得了飞速的成绩。当今中国体育正处于从体育大国向体育强国迈进的重要时期。建设体育强国需要体育产业创新发展，而体育产业创新发展的实现则需要体育产业从要素驱动向创新驱动转变。

第一节　体育产业市场发展的现状与前景

一、我国体育产业的发展

英国是体育产业最早的发源地。18 世纪 60 年代，起源于英国的产业革命促进了机械化的提高和劳动力的释放。这一时期出现了大量的体育俱乐部，这为体育产业的发展奠定了必要的基础。

除了英国之外，美国也很早就开始了体育产业化进程。19 世纪初，美国不像英国那样发展，而是发明了营利性俱乐部的运作方式。这种俱乐部模式主要是按商业模式来经营，同时又制定相应的规划来发展联赛市场，进行联盟垄断经营。在美国，棒球、篮球、冰球等项目的产业化水平非常高，有力地推动了国民经济的发展。

随着科技的进步、国家综合实力的不断增强，体育经济也进入了高速的发展通道。最初，欧洲国家以足球俱乐部股份为先导，逐步进入了资本市场。1997 年起，有 19 家足球俱乐部在英国股票市场正式挂牌上市。金融机构对体育产业的渗透也进入了一个新的发展阶段。最早对体育产业进行布局的金融机构是英国投资公司，这家公司看中的是足球，它分别收购了杰克布拉格斯拉威尔、希腊雅典 AEK、意大利维琴察和苏格兰流浪者队的一部分股份，其目的在于建立一个较高水平的足球俱乐部，实现利益最大化。

在体育产业发展进程中，大多数西方国家都把体育产业看成一个复合体，以市场为导向，按经济规律来运作。但是在具体的发展方面，各个国家有所不同。如意大利是以"足球产业"为主，日本和德国以体育用品为主，法国以健身娱乐业为主，北欧等国则以体育旅游业为主。如今西方国家的体育产业结构、功能相对完备，成为国民经济中新的增长点，发挥着十分重要的作用。

（一）我国体育产业的发展阶段

我国体育产业的发展大体可分为以下三个阶段。

1. 萌芽阶段(1978—1992 年)

这是我国体育事业发展的开始阶段，由于一切都在刚刚开始萌芽，此时经济发展相对来说比较落后，亟须解决的是资金的缺乏，体育设施、设备的落后。然而由于这段时间国家开始对体育产业进行改革，所以体育产业不再仅仅依靠国家拨款，由政府部门承办所有的体育赛事，而是另寻出路，积极寻找筹措体育资金的新路子。

2. 起步阶段(1992—1997 年)

1992—1997 年是我国体育产业发展的起步阶段。伴随着时代的发展和进步，我国经济水平获得了极大的提升，这就为体育产业的发展创造了良好的经济基础。在这一阶段，我国开始重视体育产业体制的构建，加大了体育产业投入的力度。

3. 起飞与快速发展阶段(1997 年至今)

1997 年至今是我国体育产业起飞与快速发展的阶段。1997 年，党的第十五次代表大会可以说是我国体育产业发展的新起点。在这一阶段，我国的体育产业进入了一个快速起飞和大发展时期。这一时期，体育产业逐渐成为我国国民经济新的增长点，发展势头非常迅猛。

(1)人们的体育消费逐渐增多，消费水平得以提升。在这一阶段，我国居民消费指数总体下滑，但是体育消费指数却不降反升，这可以看出体育产业的发展潜力和前景。伴随着时代的发展，体育产业必将成为推动我国经济发展的重要力量。

(2)在国家及政府部门的大力扶持下，体育产业的规模逐步扩大，体育产业的经营与管理水平也进一步提升。另外，体育产业的投资主体不再单一，而是向多元化转变。总体而言，这一阶段我国体育产业进入了一个快速发展的轨道。

(二)体育服务产业初具规模

1. 体育场馆的兴建与开放

体育场馆在体育产业中占据十分重要的地位，因为不论是举办体育赛事还是体育表演，一般都需要在体育场馆中进行，因此加强体育场馆的建设非常重要。当前我国大部分的体育场馆都是在政府部门的牵头下进行建设的，如 2008 年北京奥运会、亚运会及全运会的举办，使用的体育场馆都是在政府部门的带领下建设的，当然也吸收了一定的社会力量。但随着社会的不断发展，大量的营业性体育场所开始出现，尤其是在大中型城市相继出现了规格较高的体育场馆，这些体育场馆通常规模较大、功能齐全，集健身、娱乐等为一体，能为人们的体育健身和体育消费提供良好的服务，极大地满足了人们的精神文化生活。

2. 体育竞赛表演业的逐步建立

在社会主义市场经济体制下，我国的体育产业市场规模逐渐增大，产业水平也越来越高，大量的职业体育赛事层出不穷，如中国足球超联赛、中国男篮职业联赛等就是其中的典型代表，每逢比赛日，到现场观看的球迷非常之多，这为我国体育竞赛表演业的发展创造了良好的群众基础。目前，我国的体育竞赛表演业正走在快速发展的道路上，成为我国体育产业发展的重要力量。

3. 体育培训业越来越活跃

当前我国已进入一个全民健身的时代，在休闲之余人们都倾向于参加各种各样的体育健身活动，在参与这些活动的过程中，不仅增强了体质，还促进了人与人之间的沟通与交流，提高了人们的社会适应能力。在这样的背景下，各种体育健身俱乐部或体育培训机构大量涌现出来，如健美操培训班、武术培训班、网球俱乐部等，这是一种非常好的现象，不仅能有效地推动我国全民健身运动的发展，还为我国体育产业市场的建设创造了良好的基础。

二、体育产业市场发展前景

（一）体育产业制度日益多元化

体育的功能非常之多，在20世纪八九十年代，我国体育运动的一个主要功能就是政治功能，体育部门都将为国争光放在最为重要的位置。以中国女排为例，中国女排曾经在这一时期创造了世界大赛"五连冠"的傲人成绩，令世人瞩目，在这样的形势下，举国上下开始学习女排精神，中国女排成为顽强拼搏、勇于战斗的代名词。在这一时期，体育的政治功能非常明显。通过体育活动，人们能受到强烈的爱国教育和文化教育。在这一时期，体育文化也开始受到社会和人们的广泛关注。为适应社会主义市场经济发展的要求，我国开始逐步调整以往实行的体育举国体制，这是一个极大的转变。在体育产业高度化发展的今天，职业联赛开始出现，体育产业发展的速度越来越快，体育产业也逐渐开始商业化。商业体育模式能更好地帮助人们认识竞技体育的本质，促使人们亲身参与其中，这有利于体育产业的健康发展。

（二）体育产业物质层面逐渐大众化

伴随着时代的发展，健康成为人们重点关注的一个话题，获得身心全面健康成为人们的追求目标。在满足了物质需求后，人们对精神文化生活的要求越来越高，从而激发了人们参加体育活动的积极性。体育产业市场也随之进一步扩大，这在一定程度上刺激了体育产业化的发展。人们在平时的运动锻炼中，愿意花费一定的资金去购买各种体育器材和用品，众多的体育用品生产企业应运而生，这无疑极大地推动了体育产业的发展。

（三）体育产业科技日趋先进，网络体育产业突起

随着信息化的日新月异，网络建设越来越迅速和发达。人们在网上观看各种体育比赛已成为家常便饭，体育产业经营者也利用网络销售手段来推销自己的产品或服务。大量的体育科技游戏逐渐进入人们的视野，丰富了人们的业余文化生活。网络体育产业营销途径比以往更为迅捷和有效率，如今体育产业的网络化发展促使体育产业开始向新的发展阶段迈进，这对于体育产业的长远发展具有深远的影响和意义。

第二节 体育产业市场的创新与发展研究

近年些，许多专家学者对我国体育产业发展问题与对策的研究成果丰富，已提出了不少具有建设性的意见和建议；但由于我们只看到了某些问题的表象，而对问题产生的实质与深层原因还未作有效的探究，故难真正提出可供操作的、并能有效消除障碍的及同时又可超过他人前期研究的对策，在此仅抛砖引玉性地浅谈几点思考。①

一、体育产业市场的创新驱动机制

具体而言，体育产业创新驱动包括科技创新、观念创新、制度创新和服务创新四个方面：科技创新驱动是体育产业发展的重要动力，需要现代信息技术和大数据的应用；观念创新驱动是体育产业发展的重要导向，需要改变传统观念，树立政府服务理念，整合社会资源；制度创新驱动是体育产业发展的重要保障，包括产学研合作、转变政府职能和人才资源开发等内容；服务创新驱动是体育产业发展的重要引擎，需要转变观念，满足社会对体育消费的各种需求，不断弘扬民族体育文化。

（一）科技创新

随着现代社会的不断发展，科学技术扮演着越来越重要的角色。当前科学技术在每一个领域都得到了广泛的应用，因此体育产业的发展也要高度重视科技创新，这是推动体育产业快速、持续、健康发展的重要动力源。因此依托科技创新不断提升体育产业的竞争力，是大势所趋。

任何事物的发展都需要一定的动力，科技创新就是推动体育产业发展的重要动力源泉。在未来的发展中，各体育企业要时刻把握市场发展的脉搏，以消费者的需求为出发点设计与开发创新的体育产品，从而建立市场竞争优势。总的来说，一个体育企业的未来发展前景在很大程度上取决于其是否具有良好的研发设计能力和科技创新能力。只有加强科技创新，才能

---

① 李崇飞．中国体育产业发展研究[M]．武汉：武汉大学出版社，2016.

不断提高自身品牌的竞争力，从而获得持续健康的发展。

现代信息技术的利用成为推动体育产业发展的一个重要手段和途径，同时也成为体育产业发展的一个平台。大量的事实表明，现代信息技术的利用极大地推动了社会的发展。如今各种信息化技术在体育领域也得到了广泛的利用，如互联网转播技术为赛事爱好者提供了良好的观赛体验；体育俱乐部通过大数据的运用获得了大量的可靠的信息，从而为获取比赛的胜利奠定了良好的基础。

（二）观念创新

在当今社会快速发展的背景下，体育产业也应跟上时代发展的步伐，加快各方面的改革与创新。为促进体育产业的进一步发展，必须转变思想观念，充分认识到构建体育产业市场的重要性和现实意义，认识到体育产业对于丰富国民多样化需求的重要性。

一些违背市场规律的思想观念已难以适应时代发展的要求，成为体育产业进一步发展的制约因素。因此我们要逐步改变旧有的发展观念和思路，树立新的体育产业发展理念，建立一个以市场经济、社会需求为导向的科学发展体系。

在构建体育产业市场的过程中，我们不仅需要理念创新，还要加强各种技术的创新，不断开发与创新出符合大众期待的体育产品或服务，要加大体育产业创新的投入力度，改革与创新体育产业发展的模式，只有这样才能为我国体育产业的发展营造一个良好的发展空间。

（三）制度创新

大量的事实表明，没有科学的体育制度创新，体育产业是难以获得健康发展的。因此体育管理部门必须要加强体育制度创新，为体育产业的发展创造一个良好的制度环境。

受历史及传统观念等因素的影响，我国的体育产业目前仍旧存在着发展体制不健全、影响力不足等各方面的问题。在新的发展机制下，要迅速地整合社会资源，努力实现体育产业的大发展。

（四）服务创新

发展体育产业，体育服务是尤为重要的一环，因此要想推动体育产业的发展，就需要加强体育服务创新，创造先进的体育服务业的营销模式和服务组织架构，努力提升体育服务水平，从而为体育产业的发展提供重要的推动力。[①]

为促进体育产业的发展，体育企业需要建立一个外部与内部营销的服务创新机制，并且要加强各方面之间的联系，为体育产业营造一个良好的发展环境，让顾客享受到良好的服务。

二、体育产业市场创新发展思路

体育产业的创新发展不是一件简单的事情，在发展的过程中，体育产业从业人员要转变旧有的发展思想和理念，充分利用现代科学技术，创新与研发出符合人们多元化需求的体育产品或服务。另外，体育产业的从业者还要制定一个科学发展的战略，从宏观上布局体育产业市场，促进体育产业的可持续发展。

要建立优秀的体育品牌，提高体育产品的竞争力，就必须鼓励优势体育企业走出国门，走国际化发展道路，借鉴其他国家的发展经验，创立独具特色的产业品牌，以此提高体育企业的影响力，并逐步缩小与发达国家之间的差距。

一些重点发展优势产业门类，如体育产品制造业。要做大做强，形成一定规模，严格按照“一区一圈一带”三个区域发展，在市场经济体制下，企业间有合作有竞争。[②]

三、体育产业市场竞争力及影响因素分析

体育产业竞争力在一定程度上反映了一个国家的体育产业发展水平，因此建立和形成一个良好的市场竞争机制对体育产业的发展是非常有利的。与发达国家相比，我国的体育产业还处于一个较为落后的局面，存在着很多影响体育产业市场竞争力的要素。因此，对这些要素进行分析是非常有必要的，如图7-1所示。

---

① 曲鲁平，王健，李宗浩．体育强国理念下全运会管理体制与运行机制的思考[J]．体育研究与教育，2012，27(003)：41-45.

② 贾元帅．新时期山东省体育文化产业创新发展研究[D]．曲阜师范大学，2017.

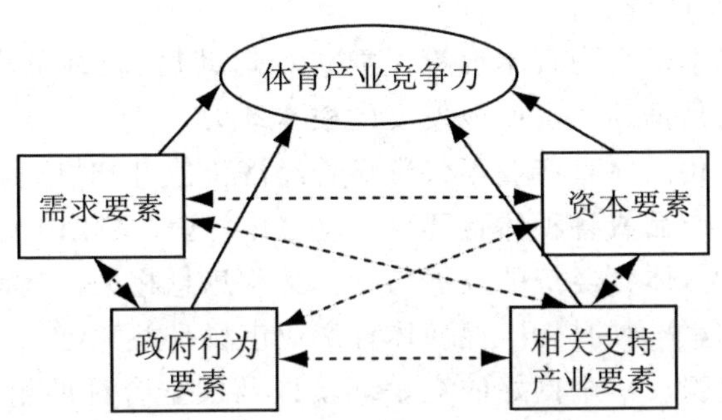

图 7-1　体育产业市场竞争的影响因素分析

(一)需求要素

在体育产业市场发展的过程中,消费需求可以说是体育产业发展的动力源泉,而需求要素则是影响体育产业增长力的基础要素。随着人们物质生活的极大丰富,人们开始追求更加多元化的体育消费,不仅仅涉及实用消费层面,服务层次的消费也逐渐增加。这些方面都会对体育产业市场的竞争力产生一定的影响。

(1)人均可支配收入与闲暇时间。大量的实践及相关消费理论告诉我们,居民可支配收入增加的可持续性是体育产业发展的主要动力。①

(2)消费者偏好。当人们具备了一定的消费能力后,其对同类产品或服务的选择主要取决于自己的偏好。如他们喜爱某一个体育品牌的衣服,就会长期购买,具有较强的品牌忠诚度。但实际上,需求因素只是体育产业发展的一个基础条件,还需要结合其他方面来考虑。

(二)资本要素

需求因素是体育产业发展的重要动力源泉,而资本要素是体育产业竞争力影响的关键要素。关于体育产业的资本要素主要包括以下几个部分。②

(1)资金投入。没有充足的资金,各项体育赛事活动是难以顺利进行的。因此,要想推动体育产业市场的建设与发展,就需要不断吸纳社会资金,同时政府也需要提供一定的财政和税收支持,这样才能为体育产业市场

① 李颖.体育产业竞争力影响要素分析[J].河北经贸大学学报(综合版),2013,13(02):85-88.

② 李颖．基于 PEST 方法对我国体育产业发展的相关分析[J]. 河北经贸大学学报,2013,34(06):124-126.

的建设提供充足的资金。

(2)人力资本。人力资本要素主要包括运动员、教练员、产业内其他从业人员等,他们是推动体育产业发展的根本动力。

(3)产业文化。体育产业不仅彰显着经济价值,同时还蕴藏着深刻的文化内涵,在体育产品或各种体育赛事活动之中,这种文化内涵都得到了深刻的体现。可以说,体育经济的发展与社会文化息息相关,二者的结合共同推动着体育产业竞争力的提升,促使体育产业市场日益完善。

(4)产业组织。一个良好的竞争环境以及健全合理的组织结构能极大地提升体育产业的竞争力,推动体育产业的健康持续发展。

(5)体育科研能力。是否具备较强的科研水平将直接影响到体育产业技术的创新,同时也影响着体育产业竞争力的提升。因此,创新能力对于体育产业市场的发展而言至关重要。在体育产业发展的过程中,无论是体育产业规划、体育市场开拓,还是体育场馆的设计、体育器材的研发以及运动员的训练等都离不开强大的科研力量。

(三)区位因素

区位空间结构理论能很好地反映经济活动的空间集聚程度和规模。在区位空间结构理论下,各项构成要素之间的关系非常紧密,它们是区域经济活动在地理空间上的分布格局及空间组合形式,是区域发展状态的显示器。① 产业空间格局的经济性取决于区位资源、社会环境、产业政策等空间基础。区域环境的优劣主要是相对于其他区域而言的,地理位置、环境质量、区域结构和区域差异等方面所显示出的综合优势是动态变化的,自然条件、资金实力、基础设施、行政效能、人口因素、交通运输是形成区位资源优势的基础。区位资源优势与良好的社会环境会促进体育产业的健康发展,并带动其他产业的发展。②

区位空间结构理论揭示了经济活动各种客体在选择区位空间中的相互作用和相互关系,反映经济活动的空间集聚程度和规模。区位空间结构是其构成要素相互作用形成的,是区域经济活动在地理空间上的分布格局及空间组合形式,是区域发展状态的显示器。产业空间格局的经济性取决于区位资源、社会环境、产业政策等空间基础。

区域环境的优劣主要是相对于其他区域而言的,地理位置、环境质量、

① 李颖.体育产业竞争力影响要素分析[J].河北经贸大学学报(综合版),2013,13(02):85-88.

② 李婷婷,伍世代,李永实,等.福建省经济空间增长变异特征及驱动机制[J].地理科学,2010,17(006):847-853.

区域结构和区域差异等方面所显示出的综合优势是动态变化的，自然条件、资金实力、基础设施、行政效能、人口因素、交通运输是形成区位资源优势的基础。区位资源优势与良好的社会环境会形成体育产业发展的增长极，增长极的扩散效应或极化效应又会进一步优化区位环境并带动相关产业的发展。

第三节　我国区域优势体育产业市场的发展与实证

一、我国区域体育产业相关市场的构成分析

体育产业相关市场与体育核心产业的关联性较强，即属于体育产业的衍生市场，与体育产业的发展有着一荣俱荣、一损俱损的紧密关系，故不能因其是第二产业或第三产业中的其他行业，便将其排除在广义的体育之外。

（一）体育健身娱乐市场

1. 体育健身娱乐市场的含义

体育健身娱乐市场也可称为社会体育市场、大众体育市场等，即指向广大民众提供健身娱乐服务产品并提供人们消费的企业或场所的集合。体育健身娱乐业是向消费者提供身体锻炼、康复保健、娱乐休闲等体育消费所需要的场地、器材、技术指导及相关服务的服务部门。它泛指健身俱乐部、体育休闲娱乐中心、健身健美中心等经营健身娱乐的场所。① 目前我国体育健身娱乐业的主要特点如下。

（1）组织形式的多样性。在体育健身娱乐业的组织形式上，表现出了组织形式的多样性。目前，我国的健身娱乐业没有统一的形式，而是各经营单位根据各自的经营项目，在其名称上叫法不一。

（2）体育项目的多样性。在体育健身娱乐业的经营项目上，大体上包括了现代体育的多数项目，如篮球、足球、乒乓球等；传统体育项目，如武术、导

---

① 柳伯力，李万来．体育产业概论[M]．北京：人民体育出版社，2005.

引养生等;民间体育项目,如划龙舟、舞狮等;休闲娱乐项目,如健身健美操、保龄球、高尔夫球等。

(3)消费群体的广泛性。在体育健身娱乐业的消费群体中,表现出体育消费群体的广泛性。在年龄上,包括了老年人、中年人、青年人和少年儿童;在社会阶层上,包括了高收入阶层、中等收入阶层、工薪阶层、低收入阶层。

(4)投资主体的社会性。在体育健身娱乐业的投资主体上,表现出投资主体的社会性。在现阶段,对健身娱乐业投资的,主要是各类社会组织、个体企业和社会个人。对中小型健身娱乐业的投资,则主要是民间资本。

体育健身娱乐业是体育市场的主体,是广大人民群众参与性的消费市场,它随着人们收入水平提高和消费结构变化而快速发展起来。由于群众健身娱乐消费支出的增加和消费内容的多样化,吸引了更多的中小型企业以及社会组织、个体企业和社会个人投资大众体育健身娱乐项目。特别是经济发达地区,尤其是在大城市,随着人们经济收入的提高,消费观念的改变和健身意识的增强,有力地促进了体育健身娱乐市场的发展。

2. 体育健身娱乐市场的主要特征

(1)市场容量大。由于体育健身娱乐市场的消费对象是普通消费者,众多的消费群体使市场想象空间非常大,故市场广阔、潜力巨大。

(2)产品内容丰富。由于存在着巨大的消费群体,因而其需求也是多方面和多层次的。从需求的内容来讲,包括健身、健美、消遣、娱乐、休闲、保健、康复等,且各内容中又包括了多种消费项目与形式;从消费的层次上看,市场可向消费者提供高、中、低等不同层次的产品和服务,以满足其不同层次的需求。

(3)健身娱乐性突出。不论消费者以什么目的参与健身娱乐消费,在参与的过程中都会得到身心的愉悦并起到锻炼身体的作用。

(4)以个人和家庭消费为主。虽然市场的投资主体可能是企业、机关、团体、单位、学校、厂矿、社区和个人等,但参与的对象是以个人或家庭为单元。

(二)体育竞赛表演市场

如控制运动员的买卖,同时也控制运动员的工资,防止潜在竞争对手的出现和成长等。在这样的情况下形成了一个很高的进入壁垒。

在竞赛表演业中,由于规模的不同,资金投入的特点也不完全相同。小规模的投入相对简单,中大规模的投入较为复杂。从总体上看,竞赛表演市场的资金投入呈现以下特点。

(1)规模大、耗资多。现代大型运动会和许多运动项目俱乐部的规模越办越大,越办越铺张,耗资也越来越多,如 1980 年莫斯科奥运会花费达 90 亿美元。巴塞罗那奥运会耗资 74 亿美元。此外,国内外许多项目俱乐部的投资也非常多。因此,规模大、投资多,是现代大型综合性比赛和部分运动项目俱乐部运作的一个非常显著的特点。①

(2)资金来源多渠道。由于需要巨大的财力与资金的投入,办运动会或俱乐部要获得足够的经费,就需要多方筹集,就必须寻找企业、公司、财团的支持和赞助,才能使运动会或俱乐部得以运作。如 1984 年洛杉矶奥运会支付 400 万美元以上赞助费的企业和财团有 30 多家,1988 年汉城奥运会的赞助企业有近 100 家,1992 年巴塞罗那奥运会的赞助企业更是多达 2800 家。2008 年北京奥运会,大型的赞助企业有 63 家之多。2012 年伦敦奥运会吸收了全球 11 家顶级赞助商。2016 年巴西里约奥运会有 11 个全球赞助商,30 家官方供应商。2020 年东京奥运会有 14 家奥林匹克全球合作伙伴,日本国内也有 67 家本土企业赞助了此次奥运会。国内外的运动项目俱乐部则大多是由大企业自办或直接依靠企事业的资助。当然,企业赞助不是无偿的,通过比赛寻找扩大宣传的机会,以此开拓和占领市场,推销自己的产品,大赛的广告效应对企业知名度的提高有极大的帮助。企业或老板投资俱乐部的直接目的就是赚钱。

(3)利益关系日趋复杂。由于大型比赛和热点项目俱乐部的参与人员较多,资金投入量大并且耗资多,这就决定了其经济利益关系的复杂性。大型竞赛表演不仅需要大量的固定资产的投入与建设,而且竞赛表演的业务收支面广,这给竞赛或俱乐部的财务管理带来了诸多困难。所以,办大赛或运动项目俱乐部要做到收支平衡甚至盈利并不是一件容易的事情。

(4)组织管理的商业化操作。运用市场运行机制,采用企业化管理的手段,对竞赛或运动项目俱乐部进行商业化操作,这不仅是运动竞赛表演市场发展的前提,也是许多运动项目或运动会生存和发展的需要。奥运会的发展历程、欧洲足球市场的兴旺、美国四大联盟成功的商业化运作,都说明运动项目和运动会在现代社会中同样是“适者生存”,即不可能脱离社会经济发展的大环境。

(三)体育用品市场

根据马斯洛的需求层次理论,人们只有在解决了温饱等生理需求的条件下才可能满足休闲需求。体育用品主要是满足人们对休闲的需求,因此

① 金跃峰.区域体育产业发展的研究[M].北京:中国商务出版社,2009.

体育用品市场主体规模的扩大是以经济实力的增强为前提的。

体育用品市场的客体门类广泛，小到一个鱼钩，大到现代化的巨型体育馆。提供上述体育用品的企业涉及服装制造业、建筑业、汽车工业、各种装备制造业、食品饮料业、医药业等，从这个角度看，体育用品的多样性使体育市场在产业关联上发挥了巨大的功能；与此同时，体育用品的丰富性也刺激了体育市场主体的多元化，参加交易的主体小到单个的体育用品消费者，大到所有提供体育用品及相关产品的企业以及消费使用该类产品的政府、体育科研院所。

从整体上看，由于体育用品的替代性很强，因此，体育用品市场是竞争性的，垄断价格并不普遍。但是从局部看，考虑到体育用品生产技术扩散的速度，掌握新技术的体育用品公司往往利用技术扩散前期的垄断地位制定垄断价格。此外，伴随体育用品企业的激烈竞争，当代体育用品的竞争已经转向了品牌的竞争，知名运动用品品牌具有很高的垄断性，这就是名牌体育用品价格高的主要原因。

所谓体育用品的连锁经营就是某一知名品牌的体育用品公司可以邀约其他店面的加盟，并对每一个加盟店实行大统一，即店面、店貌、商品、服务的标准化，采购、经营、决策的标准化，信息汇集、广告宣传、员工培训、管理规范的统一化，从而把复杂的体育用品商业活动分解为像生产流水线上每一个环节那样相对简捷，以提高经营效率，实现规模经营。体育用品连锁经营的内聚力是品牌的无形资产，著名品牌的价值成为加盟企业潜在利润的源泉和保证。从这个角度看，目前国际体育用品市场竞争的焦点已经转变为品牌的竞争。这个趋势在国内体育用品市场已经初露端倪。①

（四）体育中介市场

体育中介市场是以体育中介服务为交易对象的市场。中介服务需求者对体育中介服务的满意度是影响体育中介服务定价的重要因素，但是由于满意度是体育中介服务消费者个人的心理体验，具有强烈的主观性和随意性。因此，体育中介服务的质量和效率并不是体育中介服务产品需求者报价高低的唯一因素。

我国的体育中介虽然处于发育阶段，但是，已经陆续涌现出一批具有一定实力的体育中介组织，比如，曾经成功运作姚明转会 NBA 的厦门飞人体育推广有限公司。对于这类中介机构，在规范其服务和管理的同时，应该大力扶持。此外，我们应当加大国内体育市场对外开放的力度，大胆引进国外

---

① 吴超林，杨晓生．体育产业经济学[M]．北京：高等教育出版社，2004.

的体育中介服务，这样不仅促进本国体育市场的繁荣，还可以借鉴学习国外体育中介组织的经验。

从体育市场体系的全局看，成熟、有序的体育中介市场并不是独立存在的，而必须以体育市场的整体发育度为前提和基础。从体育中介市场本身来分析，由于体育中介服务产品的无形，所以如果没有一套严格、有效的制度加以约束，那么体育中介市场将陷入混乱；而制度的执行与其建立相比，则是更加困难的。克服这个困难首先就需要大量的具有体育中介服务专业技能的经纪人。因此，我国现阶段培育体育中介市场的工作重点有两个：其一，尽快建立规范体育中介服务市场的制度；其二，加速体育经纪人的培训。

总之，体育中介市场既是体育市场体系发展的必然产物，同时又是促进体育市场体系发展的重要因素。

（五）体育传媒市场

体育传媒市场的供给者是各类媒体；体育传媒市场的需求者则是受众或其他机构。在信息技术飞速发展的时代，媒体样式日新月异。在多元媒体的作用下，受众的注意力与喜好呈现出细分化、个性化的态势，这导致复合媒体逐渐取代单一媒体。所谓复合媒体，就是指将电视、广播、报刊、互联网、手机短信等单个媒体的资源进行整合，在这个基础上传播信息，于是受众可以通过不同的媒体渠道接受同一家传媒企业的服务。在这个背景下，体育传媒市场也进入了“一个竞争的时代”，媒体间的合作博弈成为传媒市场竞争的实质。

体育传媒市场的定价具有两个特点，其一是垄断性；其二是瞬时性。这两个特点来源于体育传媒市场客体——体育信息的特性。信息具有强烈的时效性，因此，同一信息在各个时点上其市场价值是不同的，距离信息发生时点越远，其价值越低。此外信息传播的方式是扩散，这意味着距离信息发生时点越近，信息知情人的数量越少。信息的扩散传播决定了信息产品定价的垄断性；而信息的时效性则决定了信息产品定价的瞬时性。

体育传媒市场完成体育信息传递的过程与媒体刺激人体感官的过程是合二为一的，这个过程及其完成方式正是广告所需要的，因为广告的核心目的就是刺激受众以诱发其购买欲望。因此，当代体育传媒市场与广告赞助成了孪生兄弟，哪里有体育赛事转播，哪里就充斥着赞助商的广告。巨额的广告赞助费极大地增强了体育媒体的资本实力，从而提高了体育信息传播的速度和质量，高质量的音画效果又加强了对受众的吸引，最终使广告赞助商再次不惜血本地购买赞助权，这个正反馈的过程正是体育传媒市场生生不息的真实原因。

随着体育媒体价值的提高，体育活动的商业赞助机构越来越多。不仅企业广告，社会公益性广告也经常出现在体育活动之中。体育活动的这种商业化发展，对整个人类社会经济发展起到了积极的推动和促进作用。但体育商业赞助范围和资金的不断扩大，也引起了国内外许多研究人员，特别是社会学者，产生了对"体育活动变成了单纯商业活动"的担心。并由此引发了一些对体育商业赞助的批判。虽然这种批判并没有形成一浪高过一浪之势，也没有得到更多、更广泛的附和响应，但它毕竟在体育产业的全球化发展进程中，敲出了一个不太协调的音符，应该引起我们的警惕和注意。①

（六）体育博彩市场

体育博彩市场的供给者是博彩公司以及其他机构（如基金会等），需求者是彩民。

体育博彩市场具有强大的资金汇聚功能，因此，人们把体育博彩市场、体育公司上市以及体育保险市场等一同看作体育资本市场。任何一个资本市场，其存在的一个重要根基就是信用，但是信用制度的建立必须依托适度的法律制度做后盾。为此，各国都针对体育博彩市场制定了许多法律政策，以杜绝毁坏市场信誉的事件。

我国的体育博彩开始于 1990 年亚运会之后，由国家体委计财司、人事司牵头，于 1994 年正式成立了国家体育彩票管理中心。经过近 20 年的发展，我国体育博彩市场培养了一大批忠实的彩民，他们将是未来体育博彩市场继续繁荣的保证。但是，也应注意到这个市场暴露出的许多不足，其一，博彩业的法律地位有待进一步明确；其二，投注项目过于单调，这不能满足快速增长的彩民的投资或娱乐需求；其三，发行主体缺乏多元化，应出台相关法律，保障私人企业在符合法规的前提下拥有彩票发行权；其四，缺乏对体育博彩市场对外开放的研究和实践。

（七）体育旅游市场

体育旅游市场的主体包括旅行社、旅游景点经营公司以及旅游者。体育旅游需求也属于休闲需求，因此其市场主体规模受经济发展水平的制约。伴随经济的发展，人们收入水平得以提高，于是闲暇代替劳动的机会越来越多，旅游和体育也就成为闲暇活动消费的热点。

体育旅游市场的定价具有一定的垄断性和季节性。体育旅游产品价格

① 尚东．体育事业管理百科 第 3 卷[M]．长春：吉林音像出版社，2003.

垄断性主要体现在景点旅游产品上，景点的不可移动性决定了其供给数量的唯一性与需求数量的无限性，这导致垄断利润的产生。体育旅游产品价格的季节性主要体现在户外旅游产品上，比如，滑雪运动旅游和漂流旅游等项目，这些旅游产品在不同的季节其运作成本差别较大，因此其价格也伴随季节变化而明显波动。

要想挖掘体育旅游市场的潜在利润并不是一件容易的事情，因为作为体育、旅游空间交叉的综合市场，其发展是一个系统工程。我们很难想象在一个体育产业与旅游业落后的区域，会诞生出一个发达的体育旅游市场。认识到开发体育旅游市场的复杂性与系统性，对于提升我国的体育产业十分重要。

二、我国区域体育产业的服务方式分析

体育服务产品的生产经营主体应该提供比竞争者更高的服务质量和超过目标顾客对服务质量的期望。体育消费者对产品或服务的预期是建立在产品宣传、使用感受等基础之上的，如果他们使用产品或者享受某种服务后，体验不佳，没有达到自己的期望，就会失去对这些产品或服务的兴趣。反之，如果超出了他们的预期，他们就有可能再次消费。

（一）准备阶段的服务

消费者在决定购买服务产品之前，会收集有关的信息，这些信息主要来源于体育经营单位的宣传、他人的评价、消费者以往的经验，通过这些沟通，消费者对体育服务产品建立一个相应的预期。从消费者的角度来看，售前服务包括以下几个方面的内容。

1. 作好广告宣传

广告宣传是体育产品售前的一个重要手段，因此体育企业都十分注重广告宣传，投入大量的资金用于产品的宣传。一个良好的产品广告应能为消费者提供鲜明的信息或引导，扩大体育经营单位和体育服务产品的影响，以此诱发消费者的需求和消费欲望。

2. 搞好环境的布置

为吸引广大的体育消费者参与消费，体育企业还要作好周边环境的布置，如通道设计、内部装饰、环境卫生、设备摆放等，一个良好的环境布置能

为消费者提供愉悦的心理感受。所以布置一个环境优美、气氛良好的体育消费场所可以引人注目，诱发消费者积极购买的情绪。

3. 为顾客提供各种咨询服务

每位消费者都喜欢购买自己了解并能掌握的服务。消费者在作出购买某种服务的决定时，相当程度取决于对某一服务的熟悉程度。工作人员要积极、主动地解答顾客和潜在顾客提出的有关服务的疑点，熟练介绍本单位服务的性能和特点，为消费者提供咨询服务。

4. 提供各种方便

树立为消费者提供方便的经营思想，把体育经营单位经济效益和给消费者以方便紧密结合起来，以此使体育经营单位的经营卓有成效。如各健身娱乐场所应根据自己的经营条件，千方百计地为消费者提供各种售前服务，给消费者以方便。如设立咨询处、休息室、小卖部，免费供应开水，提供消费者随身物品暂存服务等，使消费者来到健身中心就能得到一种宾至如归的心理感受，从而吸引广大消费者前来消费。

（二）实施阶段的服务

售中服务的内容主要包括向消费者传授知识和技能，热情周到、熟练地接待消费者，为消费者当参谋，主动征求消费者意见，尽量满足消费者的合理要求等。

1. 主动向消费者传授知识

服务人员在为消费者服务的同时，还应该向消费者传授有关服务知识和技巧。例如，接受健身运动指导是消费者在健身中心得到的基本服务，这是体育服务的基本要求。同时，服务人员还应该向消费者传授健身知识，为消费者提供咨询服务，这样消费者不仅掌握了健身知识，增进了健身效果，还会感受到自己享受了超值服务，自然会对服务提供者产生良好的印象和评价。

2. 用现身示范等方法来吸引消费者

现身示范的方法，能充分展示服务项目的特点和功能。现身示范可以通过对消费者感官方面的刺激，尽可能清楚、准确地让消费者感受到体育服务给自己带来的好处，进而影响对体育服务的需求。

(三)后续阶段的服务

体育服务产品的消费属于过程化服务,售后服务是对产品质量的延伸,也是对消费者感情的延伸。有效提升售后服务质量的措施有以下两种。

1. 建立客户档案

在消费者已决定购买体育服务产品的同时,经营单位就应为消费者建立客户档案,掌握消费者消费前、消费中、消费后的各种情况,积极主动负责解答指导。

2. 完善公共关系形象

售后服务既是促销的手段,又充当着"无声"的宣传员工作。经营单位可以通过建立免费热线电话,为消费者答疑解惑,与消费者开展联谊和信息交流活动,向消费者赠送自办宣传刊物和小礼品,以完善社会公共关系形象。

售后服务是经营单位竞争的强有力手段,谁的售后服务好,谁就能占领市场,赢得消费者。售后服务的心理效应是使消费者树立对体育服务产品的认同感和对经营单位的信任感,经营单位可以以此巩固已有的消费者,促进继续消费。同时,通过对这些消费者言传身教,能争取到更多新的消费者,开拓新的市场,从而提高经济效益和社会效益。

三、上海市优势体育产业的发展策略

上海市健身娱乐业与竞赛表演业已具备一定的规模,在某些环节体现出一定的竞争优势。上海市立足资源条件优势,因地制宜,突出国际化特色,打造国际化品牌,利用区位优势,提升体育产业的竞争力,尤其是国际竞争力。

(一)以赛事为抓手,推动长三角区域赛事联动

在赛事举办方面,上海市作为国际大都市,具有承办大型体育赛事的成功经验和实力。江苏、浙江两地部分城市也具有大型体育场馆,同时还具有丰富的旅游资源优势,可以形成长三角体育项目的联赛市场,充分利用各区域的竞赛资源,拓展体育竞赛市场。实现体育竞赛市场一体化,整合长三角现有的体育赛事资源,培育新的赛事活动。组建跨区域体育赛事组织和协

调机构，实现体育赛事资源利用的最大化与区域联动效应。上海市大型体育赛事的举办不仅可以使观众到上海观看赛事，还可以到江浙地区旅游；而在江浙区域的游客也可以参与上海市的赛事活动，这样扩大赛事的辐射面与带动作用，极大地提升了赛事的影响力。

（二）促进长三角体育用品业的协作，培育上海市体育用品制造业研发基地

土地、劳动力等属于商务成本中的硬环境，相对于国内其他区域来说，上海市在这些方面的成本较高，略低于北京市土地价格与劳动力价格的成本。但商务成本中的软环境，也就是投资环境却是上海市的优势所在。尽管上海市的劳动力和土地价格比周边城市高，但上海市拥有良好的商业环境和市场环境。这些都是上海体育产业投资环境的优势所在。浙江省与江苏省体育用品业发展均已具备相当规模，在生产要素方面具有成本比较优势；而上海市的比较优势在于其科学技术水平先进、信息资源平台雄厚，由此延伸各区域的体育用品产业链，实行跨区域产业发展的市场准入政策，协作共赢。① 利用上海市的市场优势，构建体育用品业研发基地，通过区域间技术与科研创新能力的协作、信息资源的共享，降低长三角体育用品业的交易成本，提高两省一市体育用品业生产资源的使用效率，提升体育用品业的竞争力。

（三）体育产业发展相关方面的区域协作

人才资源是任何产业发展的重要驱动力，长三角区域体育产业联动，人才资源的合理流动与资源配置至关重要。无论是竞技体育人才交流政策还是学校体育人才资源的合理流动，都需要从分工协作、优势互补的角度出发，实现人才资源市场一体化。逐步改革影响人才流动的因素，创造有利的环境与机制，加快区域间人才流动，实现体育人才资源的科学分工与合理配置。

（四）借助产业融合，提升产品附加值

1. 通过产业融合，增强体育产业的附加功能

上海市科技水平先进，可以实现体育产业与科技产业的融合，增强体

---

① 王艳．我国区域优势体育产业选择与培育发展研究[M]．北京：北京体育大学出版社，2014.

育产品与服务的科技含量，实现体育产业新的附加功能和更强的竞争力，形成融合型的体育产业新体系。实现健身娱乐产品的科技成分，如数字体育健身产品的推出：北京龙潭湖在体育产业园科技课题开发中指出，美国 FitCentric 推出多种健身器材使用软件，采用视频游戏技术再现运动场景；日本推出 Wii 游戏机，实现游戏与运动的融合；台湾地区的虚拟跑步机等都是科技产业与运动产业的融合。这些是将虚拟技术、传感器技术与体育运动相融合的体现。上海市体育产业的发展也应增强健身娱乐产品的科技成分，提高赛事产业的科技水平，增强体育用品业的科技含量，提高产品的附加价值，延伸体育产业链。以科技产业与体育产业融合为基础，通过重新整合产业链，形成新型体育产业形态，提升产业竞争力。

2. 促进体育产业与海洋产业的融合

例如，F1 摩托艇赛事就能将海洋产业与体育产业有机融合。杭州、无锡、厦门分别在 1995 年、1996 年、1997 年成功举办过 3 届 F1 摩托艇世界锦标赛，2004 年 F1 摩托艇世界锦标赛登陆上海，赛场设在黄浦江外滩段，上海市成为唯一拥有“F1 赛车”和“F1 摩托艇赛事”的城市。这就使得上海市可以利用黄浦江资源开展更多的水上体育运动项目，实现体育产业与海洋产业的完美结合。

3. 推动体育产业与汽车产业的融合

F1 赛事在上海的成功举办，在宣传和提升上海市国际化都市形象的同时，促进了体育产业与汽车产业的融合。F1 赛事让嘉定成为一个集汽车研发、制造、比赛、娱乐为一体的汽车城，实现了汽车产业链的延伸，也促进了赛车运动的宣传与推广。赛事资源的多样化开发实现了体育产业的价值增值，通过与汽车产业的融合能极大地提升上海市体育产业的竞争力。

（五）培育体育消费，拓展体育市场

1. 体育消费群体是体育产业发展的驱动力或动力源

居民的体育参与程度与体育消费成熟度不高，体育消费市场不够活跃，反映出上海市在营造国际体育知名城市的道路上还有很多基础性工作需要完成。目前上海市经济水平已处于较高的发展阶段，但其体育产业的发展程度相对于国外发达国家仍有差距。这一方面与居民的生活方式有关，另一方面，生活压力大、社会节奏快，休闲时间少、运动场馆设施相对不足等也是造成居民体育参与较少的原因。没有消费就没有市场，没有市场就没有

产业，没有产业就谈不上产业竞争力。

2. 加大体育活动的宣传引导，提高体育文化认同

消费群体来源于对体育文化认同的人群，体育文化认同需要大量的宣传引导工作。体育活动的开展是营造体育氛围的重要手段，从思想上认识到体育的价值与功能才是形成体育文化认同的内在原因。从构建国际体育知名城市看，上海市居民的体育参与程度有待进一步提高。未来上海市有关部门应加大对体育的宣传力度，增加体育场馆的开放程度，增加体育公共服务产品供给，进一步提升居民的体育参与度。因此，上海市在体育产业发展过程中更应营造体育活动氛围，通过有针对性的宣传活动，提倡健康、文明、科学的消费方式，举办群众体育活动，引导广大群众树立良好的消费观念，提高居民的体育认同度，扩大服务消费的社会氛围。

3. 注重青少年体育活动参与

大多数家长不愿意子女从事体育运动这一行业，而且将子女业余时间多安排在文化课以外的琴、棋、书、画等方面，这与国外体育产业发达国家的家长教育理念存在着明显的差异与差距。体育的认同度还有待进一步转变与提高，同时，对学校体育活动的针对性政策引导，要重视学生的学校体育活动。

4. 以社区体育活动带动居民体育活动提高体育参与度

体育产业发达区域均以居民的高度体育参与为市场驱动力，因此，这就需要广泛开展群众喜闻乐见的体育活动。目前很多社区开展“草根体育活动”，吸引广大市民的关注与参与，就是扩大体育参与、提高体育认同度的有效方式。

5. 培育具有世界品牌的职业体育俱乐部

体育俱乐部通常能代表区域体育竞技水平，而且对扩大区域体育知名度具有不可替代的作用。上海市目前拥有申花足球俱乐部，但与国际体育城市纽约、巴黎、伦敦等国际体育城市的品牌职业体育俱乐部相比，在俱乐部实力与国际影响力方面还存在较大差距。① 应通过政府引导与市场机制共同作用，培育具有世界品牌的职业体育俱乐部。

① 王艳．我国区域优势体育产业选择与培育发展研究[M]．北京：北京体育大学出版社，2014.

6. 培育本土赛事

提升上海市体育产业的影响力，赛事产业是核心驱动力。上海市除已基本形成定期举办国际单项顶级品牌赛事外，还初步形成具有上海市各区特色“一区一品”赛事。除闵行区的网球大师杯赛、嘉定区 F1 大奖赛外，金山区依托其海边资源优势举办世界沙滩排球巡回赛；卢湾区发挥优势，避开体育场地相对缺乏的劣势，举办具有高观赏性的国际体育舞蹈系列赛；崇明区充分发挥生态环境优势，举办环岛公路自行车赛；静安区则利用本区的击剑体育明星资源举办世界杯花剑赛；普陀区则在苏州河上举办国际龙舟赛。但与世界著名赛事相比，上海市拥有传统的体育赛事在知名度和影响力方面与其还存在一定差距。因此，需要上海市政府通过政策支持，给予资源的优化配置，充分发挥各区县的比较优势，开发具有区域特色的体育赛事，完善外部环境，大力培育和扩大这些赛事的影响力。

参考文献

[1]李崇飞.中国体育产业发展研究[M].武汉:武汉大学出版社,2016.

[2]高玉敏,沈伟斌,胡瑞敏.中国体育产业发展的理论与实践[M].北京:光明日报出版社,2017.

[3]许进.体育产业的发展及市场化运营研究[M].徐州:中国矿业大学出版社,2018.

[4]谢朝波.当代体育产业发展与体育行为心理探究[M].北京日报出版社,2019.

[5]曹亚东,李军岩.体育产业经营管理[M].西安:西安交通大学出版社,2015.

[6]蔡宝家.区域休闲体育产业发展研究[M].厦门:厦门大学出版社,2017.

[7]胡昕.经济学视角下的中国体育产业发展研究[M].青岛:中国海洋大学出版社,2018.

[8]汪志刚.体育产业市场营销学[M].武汉:武汉大学出版社,2019.

[9]张春志.我国体育产业发展的理论与实践研究[M].北京:新华出版社,2015.

[10]马道强.京津冀协同发展背景下高校体育资源与体育产业融合的联动发展[M].上海:同济大学出版社,2018.

[11]周学政.体育产业多元化发展战略[M].天津:天津科学技术出版社,2014.

[12]柳伯力,廖川江,张超慧,等.体育产业论[M].成都:四川科学技术出版社,2008.

[13]顾小霞,杜秀芳,马俊文.体育赛事的经营与管理[M].太原:山西人民出版社,2009.

[14]陈松,梁青.体育赛事组织与管理[M].沈阳:东北大学出版社,2020.

[15]湛育明,蒋玲.体育赛事运作管理[M].长春:东北师范大学出版社,2020.

[16]何洋，孙太华.体育赛事组织与管理[M].北京：北京体育大学出版社，2017.

[17]王世军，郑勇，赵伟柯.体育赛事的组织与运作管理[M].北京：新华出版社，2015.

[18]李艳翎，肖宗涛.竞技体育项目与管理[M].长沙：湖南文艺出版社，2006.

[19]李静文.休闲体育产业与经营管理[M].北京：新华出版社，2017.

[20]祝慧英.中国体育健身休闲产业发展研究[M].中国广播影视出版社，2017.

[21]徐勇.中国体育旅游发展研究[M].武汉：华中科技大学出版社，2016.

[22]李勇.休闲体育经营管理与产业研究[M].咸阳：西北农林科技大学出版社，2018.

[23]史连峰，吴立娟.休闲体育与全民健身[M].长春：吉林文史出版社，2017.

[24]黄超，宁亮生.体育产业经济与体育市场的发展研究[M].哈尔滨：哈尔滨工业大学出版社，2018.

[25]王汝尧.区域休闲体育产业发展及其市场化运营[M].长春：东北师范大学出版社，2019.

[26]徐开娟，黄海燕，廉涛，李刚，任波.我国体育产业高质量发展的路径与关键问题[J].上海体育学院学报，2019，43(04)：29-37.

[27]任波，戴俊，夏成前，徐磊.中国体育产业结构的内涵解析与供给侧优化[J].北京体育大学学报，2018，41(04)：16-23.

[28]张瑞林.我国冰雪体育产业商业模式建构与产业结构优化[J].体育科学，2016，36(05)：18-23＋53.

[29]戴俊，任波，董宏，周玲玲，刘跃.我国健身休闲产业发展面临的困境及对策[J].体育文化导刊，2019(09)：67-72.

[30]陈晓峰.我国现今体育产业政策分析：存在问题与发展趋势[J].北京体育大学学报，2017，40(05)：7-15.

[31]易剑东.中国体育产业的现状、机遇与挑战[J].武汉体育学院学报，2016，50(07)：5-12.

[32]董世欣.我国体育产业资源整合模式研究[D].武汉体育学院，2015.